Claus Eurich

Wege der Achtsamkeit

Über die Ethik
der gewaltfreien Kommunikation

Verlag Via Nova

1. Auflage 2008

Verlag Via Nova, Alte Landstraße 12, 36100 Petersberg

Telefon: (0661) 62973
Fax: (0661) 9 67 95 60
E-Mail: info@verlag-vianova.de
Internet:
www.verlag-vianova.de

Umschlaggestaltung:
Stefan Hilden Produkt- & Grafik Design, München
Satz: typo-service kliem, 97647 Neustädtles
Druck und Verarbeitung: Fuldaer Verlagsanstalt, 36037 Fulda
© Alle Rechte vorbehalten
ISBN 978-3-86616-089-7

Meinen Kindern
Hanja und Roman

Vorbemerkung

Teile dieses Buches sind unter dem Titel „Spiritualität und Ethik" bereits 2003 im Kreuz Verlag erschienen. Der vorliegende Text ist nicht nur bezüglich der bereits publizierten Teile vollständig überarbeitet worden, ich habe ihn auch um einen dritten Teil erweitert und ergänzt. Dieser neue Abschnitt stellt die Grundlagen einer achtsamen und nichtverletzenden Kommunikation vor. Ich ziehe damit die Konsequenzen aus der Grundeinsicht, dass der Mensch Kommunikation ist und sich in der Folge jede gelebte Spiritualität und jedes gelebte Ethos letztendlich in der Weise des Kommunizierens bewahrheiten und bewähren muss.

Für diese Neufassung verdanke ich wertvolle Hinweise Wilhelm Steinmüller.

Claus Eurich, im Frühjahr 2008
Kontakt: www.interbeing.de

Inhalt

Dritter Teil
Der Weg der Achtsamkeit 119
Kommunikation als Basis, Raum und Gestalt der
Begegnung 119

9

Erster Teil

Ethik, Moral, Spiritualität

Die Geschichte
einer spannungsreichen Beziehung

1 Begriffsklärungen und Herkünfte

1.1 Ethos/Ethik

Ethos stammt aus dem griechischen Sprach- und Kulturraum. Aus den beiden Ethos-Begriffen im Griechischen lässt sich ein allgemeines Verständnis ableiten, das Aufenthaltsort, gewohnte Umgebung, Gewohnheit, Brauch, Herkommen und Charakter meint. Im engeren und übertragenen Sinne spricht man von Ethos als den sittlichen Grundhaltungen einer Person und/oder eines Kollektivs von Menschen bzw. Menschengruppen. Das Ethos ist anerkannt und von bleibender Bedeutung. Es spricht von der Gutheit des Handelns.

Ethik ist seit Aristoteles (384/383–322 v. Chr.) eine philosophische Disziplin. Sie spürt dem richtigen menschlichen Handeln nach, prüft, reflektiert und begründet Werthaltungen. Sie bewertet die Verhältnisse, unter denen Menschen leben und handeln, und entwirft Lehren vom guten Leben und Handeln. Ethos und Ethik sind präskriptiv, vorschreibend. Sie sprechen mehr vom Sollen als vom Sein an sich.

Die westlich-abendländische Ethik als Theorie des rechten Lebenswandels gründet auf der Verantwortung eines freien Ich gegenüber dem Du einer Person und/oder einer Gemeinschaft von Menschen. Seine innere Instanz ist das Gewissen, eine Art Über-Ich als innere Richt- und Bewertungsinstanz. Dieses Über-Ich kann, muss aber nicht religiös/transzendent gesehen werden. Es führt in das Ja oder Nein bezogen auf die dem Menschen im Hier und Jetzt möglichen Verhaltensweisen. Es ist das Fundament und der Motor der Charakterbildung.

Jedes Ethos und jede allgemeine Ethik bergen in sich einen überzeitlichen, unteilbaren und über sie hinausweisenden Kern. Er erlangt und trägt seine Bedeutung aus sich selbst heraus. Gleichwohl stehen Ethos und vor allem Ethik in der Zeit und für alle Zeit, orientieren sich im Raum, sind also in raumzeitliche, historische Koordinaten eingebunden. Sie geben auf allgemeine, aus ihnen selbst stammende Grundfragen des Seins Antworten *in* der Geschichte und *für* geschichtliche Personen und Gemeinschaften.

Mit der fortschreitenden systemischen und funktionalen Differenzierung von Kulturen, Staaten und Lebenswelten, ging und geht eine Auffächerung auch des Ethischen einher. So existieren heute Ethiken für nahezu alle menschlichen Handlungsfelder. „Wirtschaftsethik", „Medienethik", „Umweltethik" und „Bioethik" mögen dies exemplarisch verdeutlichen. Sie stehen zugleich für eine Entgrenzung der Ethik über die personale Zuständigkeit und den rein biographischen Bezug hinaus. Sie weisen auf die Erfordernisse von strukturellen bzw. Systemethiken hin. Deren Bedeutung steigt mit den eigendynamischen, entpersonalisierten Strukturen von, vor allem, großtechnischen Systemen.

Das Risiko einer begrifflichen Unschärfe eingehend, werde ich im Folgenden Ethos und Ethik synonym sehen und überwiegend von Ethik sprechen. Das Ethos kann dann in der Ethik als integriert und aufgehoben angesehen werden.

1.2 Moral

Mit dem griechischen Wort *ethos* korrespondiert das lateinische *mos/mores*, Ursprung des deutschen Wortes Moral. Ursprünglich Wille, Absicht, aber auch Sitten meinend, verstehen wir darunter heute das Ensemble von Regeln, Vorschriften, Normen, Haltungen und Verhaltensweisen im Bezug des einzelnen Menschen zu seiner sozialen/gesellschaftlichen Um- und Mitwelt. Moral regelt die Interaktionen zwischen Personen, Institutionen und Gemeinschaften auf allen Ebenen, selbst Staaten. Sie bestimmt das Verhältnis des Einzelnen zum Kollektiv. Verglichen mit dem Ethos bezieht sich Moral mehr auf das konkrete, praktische Verhalten. Sie begründet nicht, man lebt sie. Moral hat einen gesetzlichen Charakter und verweigert sich normalerweise diskursiven Spielräumen. Sie soll einem Gemeinschaftsgefüge und dessen Selbstverständnis Stabilität sichern. Ihre Notwendigkeit steht in Relation zu dem Grad der Geschlossenheit jener Selbstverständnisse; je fragiler diese sind oder erscheinen, desto expliziter sind moralische Geltungsansprüche. Das Recht ist die normative Fixierung ausgewählter moralischer Vorstellungen und Werte. Während es auf den verschiedenen Ebenen der Organisation menschlichen Lebens voneinander abweichende moralische Verständnisse und Orientierungen geben kann, gilt Recht systemübergreifend. (vgl. Horster 1999, S. 427–573)

Auch die Moral ist, wohl noch mehr als die Ethik, ein Kind ihrer Zeit, geprägt von den innerzeitlichen und innerweltlichen Strukturen, von dem Scheitern ethischer Ideale am und im So-Sein der Welt. Die Moral und die aus ihr abgeleiteten Normen stehen in untrennbarer Wechselwirkung mit dem historischen Wandel. Schließlich: Je mehr Offenheit soziale und gesellschaftliche Kollektive zulassen, desto fließender werden die moralischen und normativen Grenzziehungen.

Moral reduziert die Vielseitigkeit und Vielschichtigkeit des Lebens und Zusammenlebens auf einfache Ge- und Verbote. Sie reduziert damit die möglichen Handlungen und Verhaltensweisen. Freiheit im Bannkreis des Moralischen ist die Freiheit einer Lokomotive im Schienennetz.

Als normative Instanz gibt die Moral menschlichen Beziehungsgerüsten eine gewisse Sicherheit. Sie baut sich gegen die Unerträglichkeit auf, die entstünde, wenn Interaktionen und Handlungen des anderen gänzlich unberechenbar wären. Damit wird die Moral jedoch immer zur Hüterin des Konventionellen und zur Verbündeten des Konservativismus und der Anpassung. In dieser Funktion steht sie dem freien, selbst verantworteten und im überzeitlichen Ethos sich bewegenden Menschen fremd gegenüber. Er bedarf ihrer nicht, und er wird sie brechen, wo er seine Fähigkeit zu leben, zu versöhnen und sich entsprechend zu entwickeln eingeschränkt sieht.

1.3 Spiritualität

Die lateinischen Begriffe *spiritualis*, geistlich, und *spiritus*, Geist, bilden den Ursprung von *Spiritualität*. Aus der Vielzahl der Verständnisse und Definitionen, gerade in der jüngeren Zeit, kann als Essenz formuliert werden: Leben im Geist und aus dem Geist. Die Spiritualität hat eine personale/subjektive und eine traditionale/religionsbezogene Seite. Zwischen beiden besteht normalerweise ein enger Zusammenhang. Die Spiritualität eines Menschen spricht von seiner inneren Ergriffenheit. Er fühlt sich berührt aus dem Geist-Raum des Transzendenten, des Göttlichen. Der spirituelle Mensch sieht sich als vom Geist geführt und inspiriert. Er lässt das Göttliche in sich wirken, und er lässt es sich entfalten und zum Ausdruck bringen – auch in äußere Formen des Körperlichen, des Kultischen und Rituellen hinein. Authentische Spiritualität kommt und wächst aus den tiefsten Gründen der Seele. Ihr höchster Sinn und Wesensgrund ist die Erfahrung des Transzendenten und die Erfahrung des Einsseins als der wechselseitigen Durchdringung aller Seins- und aller Geistweisen. So kann man, ja muss man sie verstehen als Schule und Praxis der Achtsamkeit und Gegenwärtigkeit. Die Spiritualität in ihrer Vollgestalt betrifft alle Lebensbereiche. Im Letzten hebt sie jegliche Trennung von Außen und Innen, Aktion und *Kontemplation*, Politik und *Mystik* auf.

Auch Spiritualität steht, bei aller personalen Unterschiedlichkeit, in einem historischen Kontext. Sie bezieht sich ausgesprochen und unausgesprochen auf eine geschichtliche Situation und die in ihr hervorgebrachten bzw. zur Entfaltung kommenden Traditionen. Traditionen und die dazu gehörenden geistigen Felder bilden die Koordinaten, innerhalb derer bzw. über die hinaus das je Subjektive wächst und Gestalt annimmt. Für manche Traditionen, wie das Christentum, ist das Subjektive dabei explizit und implizit auf Gemeinschaft verwiesen – die Gemeinschaft von Menschen und die Gemeinschaft des Menschen mit Gott.

Spiritualität – und hier kann der Begriff durchaus als abweichend zu dem der Frömmigkeit gesehen werden – birgt in sich neben Ganzheitlichkeit immer auch eine gewisse Radikalität. Sie entzieht sich der Kalkulierbarkeit und jeglicher Form von Unterwürfigkeit. Sie verändert den freien Menschen zur neuen Praxis und überwindet dabei, was den Geist beschneiden oder in Formen und Formeln pressen will.

1.4 Zur Beziehung von Ethik, Moral und Spiritualität

Wir können es nicht oft genug betonen: Leben, im großen erdgeschichtlichen Horizont wie in dem einer Person, entfaltet sich als Prozess und damit als Wandel. Sein ist Werden, was und wohin auch immer. Insofern erfährt alles seine geschichtliche Prägung. Es gibt kein ungeschichtliches Sein, keine geschichtslose Ethik, Moral und Spiritualität. Erst aus der Beobachtung ihrer Geschichtlichkeit heraus werden sie verständlich und in ihrer jeweiligen Selbstverständlichkeit nachvollziehbar. Der Blick in die zeitgeschichtlichen Situationen lässt uns unmissverständlich die kulturellen Begrenztheiten und damit die letztlich unüberwindbaren Widersprüchlichkeiten menschlicher Orientierungen und Entscheidungen anerkennen; zumindest solange wir nicht umhin können, das Menschengeschlecht an sich als ethisch und moralisch defizitär anzunehmen – wenn auch, für sich betrachtet, durchaus mit dynamischen Abstufungen in jede Richtung.

Gerade unsere Grenzen machen die wichtigsten ethischen Einsichten und moralischen Orientierungen zu einem Lebenselixier wie die tägliche Nahrung. Doch auch hier gilt: Der Mensch ist, was er isst bzw. vorgesetzt bekommt, verdorbene, belastete oder vergiftete Speisen nicht ausgeschlossen.

Die Krise des Ethischen und des auf sie bezogenen Moralischen in der Neuzeit hat drei wesentliche Ursachen – die Entwertung und den Zerfall der alten Religionen, das Erstarken des Individualismus sowie die Industrialisierung und Technisierung der Welt. Keine dieser Ursachen steht für sich allein; alle sind wechselseitig ursächlich miteinander verbunden.

Die Schwächung der Verbindlichkeit überkommener religiöser Werthorizonte setzte Ethik in den Rechtfertigungsdruck, sich empirisch begründen zu müssen. Nun wurde sie vom Menschen und seinen Schwächen her gedacht und herausgelöst aus dem Bewusstsein überzeitlicher Geltung. Und es begann die Differenzierung, Disziplinierung und Verwissenschaftlichung der Ethik. Dem Ethos des Menschlichen in seiner Verwiesenheit auf das Göttliche widerfuhr die Parzellierung in Ethiken. Sie galten nun nur noch für spezifische Anwendungsfelder in einer komplexen und differenzierter werdenden Gesellschaftsstruktur.

Einher mit dieser Entwicklung ging die schrittweise Herauslösung des Individuums aus dem Gemeinschaftlichen, der subjektive Zwang zur Suche nach eigener Stilisierung in allen Lebensbereichen und damit die Privatisierung des Ethischen. Die Privatisierung erscheint in der Gegenwart selbst als ethisches Problem. Gleichwohl ist es, historisch betrachtet, nicht unbekannt. Anders allerdings mag heute sein, dass die Grundorientierungen fehlen, die sich dieser Entwicklung erfolgreich entgegenstellen. Das Gravitationsfeld allgemeiner verbindlicher Bedeutungen hat seine Kraft verloren. Geblieben ist die Beschäftigung mit moralischen Dilemmata auf zwischenmenschlicher Ebene und eine entsprechende Wahrnehmungsbeschränkung. Bedrohung und unheilverkündende Zeichen, die das Ganze des Seins betreffen, werden demgegenüber kaum noch wahrgenommen, geschweige denn in ethischem, ja spirituellem Kontext gesehen.

Der Anteil, den Technisierung und Industrialisierung an diesem Prozess tragen, kann nicht hoch genug veranschlagt werden. Das Expandieren der Natur– und Ingenieurwissenschaften zu einer gleichsam dogmatischen Religion tat ein übriges. Das als machbar Erkannte und Machbare wurde zum Maßstab auch des Sollens, wofür in herausragender Weise die herrschenden Technikethiken stehen. Ihre Herauslösung aus monostrukturellen Begründungen, die Anbindung und Einbindung in eine offene und öffentliche Diskursstruktur und damit in den Kontext des kulturellen und gesellschaftlichen Gesamt sind als Zwischenschritte zu einer Revitalisierung des Ethischen dringlich. Es muss sich zeigen, welche Orientierungshilfen dabei die religiösen Basistexte bieten können, wenn begonnen wird, sie in der Zeit neu zu verstehen und neu zu interpretieren. Es sollte jedoch eines klar sein: Ohne spirituelle Tiefe entsteht kein neues, integrales Ethos. Aus dem spirituellen Raum kommen die Maßstäbe, die sich nicht in der Zeitgebundenheit erschöpfen. Die Hierarchie also lautet:

Spiritualität → Ethik → Moral

Es verwundert in diesem Zusammenhang nicht, dass als spirituell sich verstehende Orientierungen im letzten Drittel des 20. Jahrhunderts wieder an Bedeutung zugenommen haben. Ihr Einfluss auf die allgemeine sowohl wie auch die speziellen Ethikdebatten ist prägend. Dass der spirituelle Boom in den 80er und 90er Jahren dabei immer wieder das Verständnis von Spiritualität verwässerte, ja der Beliebigkeit anheim gab und auch zu problematischen Fehlentwicklungen führte, sollte allerdings mit gesehen werden.

Wahre Spiritualität befreit und heilt den Menschen. Sie fördert sein Wachsen und Werden zu dem wesenhaften Selbst. In ihr oder mit ihr wirkt das Göttliche – auf welche Weise auch immer. Die spirituelle Verwurzelung des Menschen schenkt ihm Selbstbestimmung und die Loslösung von fremden Mächten – auch denen, die sich als

Moral verkleiden. Das wahre Ethos ist ein Kind der Spiritualität. Aus dieser Ursprungskraft heraus vermag es die Herrschaft des Faktischen zu durchbrechen, zumindest aber zu unterbrechen. In dieser Verbindung werden ethische Werte autonom aus sich heraus und ragen hin zu der Vollkommenheit, aus der sie stammen. Die spirituell rückgebundene Ethik führt die Menschen unaufdringlich immer wieder in spirituelle Dimensionen, stellt sie ins Verhältnis, das sie sich selber allein doch nicht sein können. Das Begrenzte vermag sich nur in Blindheit oder in der Hybris als sein eigentlicher und zugleich letzter Maßstab zu sehen.

Von der spirituellen Durchwirkung der Ethik profitiert auch die Moral. Sie weiß, dass sie allein aus sich heraus und bei sich selbst bleibend scheitern muss. Ohne spirituelle Tiefe kann sie den Menschen nicht einschätzen, ja, verliert sie ihn. Sie ist dann beliebig instrumentalisierbar. Vor allem aber fehlt ihr das Wesentliche: die Liebe.

Eine aus dem spirituell tiefen Ethos kommende Moral vermag demgegenüber einen ethischen Lebenswandel zu ermöglichen – für mich und auf Gemeinschaft hin orientiert. Dass dabei die Schnittstelle zwischen Ethik und Moral immer konfliktanfällig bleibt, sei als selbstverständlich zugestanden. Dem können wir nur durch fortwährende Besinnung, durch Reflexion und durch die Erkenntnis- und Weisungskraft der Kontemplation begegnen.

2 Das Verhältnis von Ethik, Moral und Spiritualität in den Weltreligionen

2.1 Christentum

„Meister, diese Frau wurde beim Ehebruch auf frischer Tat ertappt. Moses hat uns im Gesetz vorgeschrieben, solche Frauen zu steinigen. Nun, was sagst Du?... Jesus aber bückte sich und schrieb mit dem Finger auf die Erde. Als sie hartnäckig weiter fragten, richtete er sich auf und sagte zu ihnen: Wer von Euch ohne Sünde ist, werfe als erster einen Stein auf sie... Als sie seine Antwort gehört hatten, ging einer nach dem anderen fort, zuerst die Ältesten." (Joh. 8,4–9)

Der Mann aus Nazareth, geistiger Inspirator dessen, was nach seinem gewaltsamen Tod begann sich zum Christentum zu entwickeln, durchbrach an einer entscheidenden Stelle das herrschende religiöse Verständnis des jüdischen Kulturraumes. Vor jede Lehre, vor jede Ethik und schon gar vor jede Moral setzte er die Liebe und lebte sie. Barmherzigkeit beschämte Opferdienste und Rituale. Verständnisvolle und heilende Gesten überdeckten den erhobenen Zeigefinger. Eine neue positive Macht und Souveränität war aus der Zartheit und dem Sanftmut der Menschenliebe entstanden. Die Worte Jesu mögen ähnlich geklungen haben wie die seiner Väter, aber er erfüllte sie mit neuem Leben. Er missachtete die alten Gesetze nicht, aber er durchbrach sie ohne Zögern, wo sie in der Alltagspraxis der Liebe und dem Leben entgegenstanden. Er löste die Demarkationslinien zwischen heilig und profan auf und auch die zwischen Transzendenz und Immanenz; er sah und verkündete beide als wechselseitig verbunden. Dass es dabei allerdings nicht blieb, wird gelegentlich gerne übersehen. Denn der Vorrang der Liebe, der Barmherzigkeit und der

Heilung fordert. Er konfrontiert mit Ansprüchen, die das Leben ausspricht und die ungleich mehr abverlangen als den starren Blick auf blutleere Regeln und Gesetzesbuchstaben. Vielleicht könnte man sagen: Die Ethik Jesu ist eine der Situation. In der Anforderung der Situation verbinden sich gnadenhaft Erkennen und Empfinden, überzeitliche Wahrheit und Empathie. Und immer scheint in dieser Synthese das Licht des Göttlichen durch. Das Menschengeschlecht hat Ahnung erhalten von der Tiefe eines neuen Kosmos, der sich hinter eingestürzten Mauern fesselnder Vorschriften und verhärteter Regelwerke erstreckt.

Dem Hauch von Liebe und Freiheit, von Radikalität und Sanftmut folgten Kirche, Lehre, Theologie. Was doch allein im gelebten Leben seine Prüfung und Bewährung findet, erhielt Formen, Regelwerke und Rituale. Das Überzeitliche wurde in Sichtweisen und Strukturen des Zeitlichen transformiert. Vor dem an sich Entgrenzten baute sich der enge Möglichkeitshorizont des Begrenzten auf.

Gewiss: Nachfolge Jesu, Nächstenliebe und Arbeit am Reich Gottes schon jetzt blieben Schlüsselbegriffe im großen Kompendium der christlichen Religion, doch in den Vordergrund der religiösen Lebenspraxis spielten sich Ordnung, Gehorsam und eine neue Gesetzesfrömmigkeit. Sie schütteten den revolutionären Samen des Christus immer wieder zu, konnten ihm gleichwohl nie die Kraft nehmen, Neuem zum Durchbruch zu verhelfen – so wie damals, vor 2000 Jahren.

Gesetz, Erbschuld und Gewissen

Durchaus unabhängig von Leben und Lehre Jesu hat das mosaische Gesetz im Christentum eine Schlüsselrolle behalten. Der *Dekalog* (vgl. Exodus 20, 1–17; Deuteronomium 5, 6–21; Markus 10, 17–27; Römer 13, 8–10) richtete sich ursprünglich an den erwachsenen, freien israelischen Bürger. Als Grundtext der Bundesurkunde zwischen Jahwe und seinem Volk wirkt er identitätsstiftend für das aus der ägyptischen Sklaverei befreite Israel. Er beendete die Vielgötterei zugunsten von Jahwe, dem Befreier. Er stellte zugleich eine Reaktion auf verschiedene soziale Probleme dar und hatte eine entscheidende Funktion in der Absicherung des neu gewonnenen Besitzes an Land, Menschen, Häusern und Vieh.

Von Jesus wurde das Zehntgebot nicht aufgehoben. Und so wurde es, christlich interpretiert, zur Vorschrift auch für die christliche Gemeinde. Es bildet den Rahmen für sittliche Begründungskontexte. Es wurde und wird trotz seines geschichtlichen Ursprungs als gleichsam natürliches Recht gesehen – außerhalb der Notwendigkeit zur Legitimation in der Zeit. Ausnahmen von der Gültigkeit des Dekalogs kommen nur Gott selber zu. Das Höchste kann ethische Verpflichtungen zugunsten eines noch höheren Wertes aufheben. Diese „teleologische Suspension des Ethischen" (Buber 1994, S. 119) lag etwa in dem Befehl Jahwes an Abraham vor, seinen Sohn zu töten, um dadurch seinen Glauben und seine Treue zu beweisen.

Die Zehn Gebote formulieren in der Unerbittlichkeit des „Du sollst nicht..." eine Moral negativer Begründung. Das machte sie, in der Erweiterung durch zugeordnete Sünden, zu einem überaus brauchbaren Instrument für die Institution der Beichte (vgl. Bockmühl 1999, S. 16 ff.). Die Reformation änderte substantiell nichts an der zentralen Stellung des Dekalogs. Im Gegenteil. Martin Luther (1483–1546) interpretierte ihn als den Herzpunkt der christlichen Ethik und den Hoffnungshorizont neutestamentlicher Erwartungen. Und auch Johannes Calvin (1509–1564) sah in ihm das perfekte Regelwerk der Gerechtigkeit, das vor dem Evangelium kommt. Im Protestantismus wurden die Zehn Gebote zur christlichen Ethik schlechthin.

Der Dekalog steht also für ein negatives Abwehrrecht. Er setzt die Verfehlungen des Menschen voraus und errichtet einen Schutzwall vor ihnen. Christen fanden und finden daneben in der *Bergpredigt* die positive Spiegelung. Sie relativiert, sich im Recht zu fühlen, allein durch Nicht-Verhalten, allein dadurch also, etwas nicht zu tun. Sie konfrontiert mit der Frage danach, was der Mensch dazu beiträgt,

Frieden, Gerechtigkeit und Liebe auf der Erde zu verwirklichen. Beide jedoch, die Basis des alten und die Basis des neuen Bundes, bestehen in der Zeit. Sie sind in ihrer Gewordenheit und aus ihr heraus zu verstehen. Und so müssen Menschen sie immer wieder neu interpretieren und in Lebenspraxis umsetzen. Dieses Ringen begleitet in den jeweiligen spezifischen Anforderungen geschichtlicher Situationen die Christenheit bis heute.

Die Abwehrgebote des Dekalogs und das in ihnen fixierte negative Menschenbild finden Unterstützung in der Vorstellung von der *Erbschuld/Erbsünde* (Genesis 3). Seit jeher war und ist diese Lehre umstritten, zugleich doch äußerst prägend, was die Beziehung des Christlichen zu Ethik und Moral betrifft. Dass der Mensch seit dem sogenannten Sündenfall nicht anders kann als zu fehlen, er einen fatalen Hang zum Sündigen hat, konnte dafür herhalten, letztlich alles zu erklären und zu entschuldigen. Dieser extremen Sicht hing etwa der Kirchenvater Aurelius Augustinus (354–430) an, der sie in scharfer Abgrenzung zu seinem Zeitgenossen Pelagius (um 384–um 422) formulierte. Für Pelagius nahm die Erbschuld-Lehre den Menschen in seiner Freiheit, Würde und Verantwortung nicht ernst, ja, sie widersprach seiner Meinung nach der Einsicht, dass der Schöpfer selbst den Menschen nach seinem Bild und Gleichnis (Genesis 1,26) geschaffen hatte. Seit einem Urteil von Papst Innozenz I. (402–417) im Jahr 417 ist die Lehre von Ursünde und Erbschuld Kirchenlehre. Eine theologisch gemäßigte Variante sieht in ihr die immerwährende Herausforderung, sich im Glauben zu bewähren und Versuchungen zu widerstehen.

Erbsünde, der Dekalog sowie die aus ihm abgeleiteten bzw. ihm zugeordneten Sündenregister führen in die Polarität von Gut und Böse. Diese Dualität kann nur gedacht werden von der Vorstellung her, dass es eine Vollkommenheit der Ordnung und der Schöpfung an sich gebe. Das Böse ist dann die Abwesenheit des Guten, und der metaphysische Grund des durch den Menschen in die Welt gesetzten

Bösen sein freier Wille. Der freie Wille kann mit der vollkommenen Weltordnung übereinstimmen, er kann sie aber auch durchbrechen, indem er der Sünde verfällt: aus Neigung, aus Versagen der natürlichen Tugendkraft, aus der Haltung der *Acedia*, die allem überdrüssig wird, was die Gebote und die Vorstellung von der Gotteskindschaft einfordern. Dem Christen, der dem Fall in die Sünde und die Schuld entkommen will, steht die Tugend der Discretio zur Seite; sie macht ihn fähig, zwischen Wahr und Falsch sowie Gut und Böse zu unterscheiden; und sie führt ihn zum Maß, einer der vier *Kardinaltugenden*, die den Menschen in der Weisheit des Lebens hält und in der Angemessenheit seiner Wünsche, seiner Erwartungen, seines Handelns und Sich-Verhaltens. Unterstützt wird er dabei von seinem Gewissen, das ihn zu einer persönlichen eigenständigen und angemessenen sittlichen Urteilsfähigkeit führen kann. Als innere Instanz erwächst das Gewissen aus dem dialogischen Bezug des Menschen zu seinem Schöpfer.

Liebe, Gerechtigkeit und Tapferkeit

Auch wenn die negative Abgrenzungsethik des Dekalogs und die Erbsündenlehre bis dato Einfluss behielten – die eigentliche christliche Ethik beginnt mit den Leitsätzen der Bergpredigt. Die Seligpreisungen (vgl. Matthäus 5,3–11/20) formulieren eine integrale Liebes- und Lebensethik: die Fähigkeit und Bereitschaft loszulassen, was Menschen anhaften lässt; die Fähigkeit und Bereitschaft, mitzuempfinden und Barmherzigkeit zu üben; die Fähigkeit und Bereitschaft zu trauern; die Bereitschaft, gewaltlos zu leben und Frieden zu stiften, der unbedingte Einsatz für die große Vision der Gerechtigkeit; Leben und Handeln mit einem reinen Herzen. Hier fällt das Starren auf die sogenannten Sünder beiseite, und es erhebt sich der hoffnungsvolle und ermutigende Blick auf das reiche und positive Potenzial des Menschen. Es entsteht gleichsam das Ideal menschlicher Vollkommenheit, in dem das Gezogensein von den niederen Kräften überwunden wird. Von den Kirchenvätern Origenes (185–254), Ambrosius (339–397) und Augustinus wird dieses Ideal ausgesprochen und geht eine Symbiose mit dem griechischen Denken ein, was sich vor allem in der Formulierung der vier Kardinaltugenden Gerechtigkeit, Klugheit, Tapferkeit, Besonnenheit/Geduld durch Ambrosius ausdrückt.

Der Liebe als Herzpunkt der christlichen Ethik ist alles Weitere zugeordnet. Erfüllung des Gesetzes aus Liebe statt Befolgung von Regeln aus Angst; so könnte man den Bezug der neuen Ethik zum alten Gesetzesdenken formulieren. In der Liebe vollendet sich jeder Wille Gottes oder, wie Augustinus sagte: Liebe – und dann tu, was Du willst.

Welche Liebe? Die Liebe zu Gott, die Liebe zum Nächsten, die Liebe zu mir selbst – und in finaler Form die Liebe zum Feind, der, wenn er geliebt wird, kein Feind mehr ist.

Aus der Liebe folgt die Gerechtigkeit, die in ihrer Unbedingtheit des jesuanischen Vorbilds zur neuen Heiligkeit wird. Gerechtigkeit aus Liebe hebt Gerechtigkeit als Recht des Stärkeren auf. Sie ist aus der absoluten Autorität der Gottesliebe heraus stärkeres Recht. Die Verwirklichung der Gerechtigkeit bedarf der Hilfe durch die Tapferkeit. Mit ihr legt der Mensch aus Liebe sein Lebenszeugnis ab, überwindet Zögern und Kleinmut. Der Geist der Liebe schenkt Vertrauen in die letztendliche Ermöglichung des Guten. Doch Tapferkeit setzt Verwundbarkeit voraus (vgl. Pieper 1934, S. 27–37), wie die unterschiedlichen Stationen des Lebens Jesu zeigen. Sie hat ihren Preis, der im Einsatz des Lebens besteht – was immer das heißen mag.

Diese, die Liebesethik, die einzige und wahre Ethik, die den Namen christlich verdient, lässt sich nicht gebieten oder verordnen. Sie kann nur geboren werden und wachsen in Freiheit, Wachheit, Achtsamkeit und dem Hören auf die Wegweisungen der inneren Stimme. Sie ist der ethische Lotse, in ihr berühren sich Immanenz und transzendente Verwiesenheit. Es bedarf keiner weiteren Erwähnung, dass solche Ethik immer auch leidenschaftliche Seiten hat und etwas grundlegend anderes meint als bürgerliche Bravheit, Lauheit und Unverbindlichkeit. Sie braucht den ganzen Menschen in der Vielfalt seiner Gaben und der Annahme seiner Berufung. Solch ethisches Empfinden lässt sich nicht instrumentalisieren und herrschaftlich missbrauchen, wie dies mit den herrschenden Morallehren, Moralvorstellungen immer wieder gelingt. Liebe, Gerechtigkeit und Tapferkeit bedürfen keiner weiteren Regulierung und keiner kasuistischen Listigkeit.

Die christliche Liebesethik hat eine natürliche Beziehung zur Spiritualität. Da die Liebe sich im Ausgangspunkt und im Zielpunkt auf Gott gerichtet sieht, wird das Göttliche zum wesentlichen Impuls – in beide Richtungen. Die Vermittlung geschieht durch den Geist. Er führt den Menschen im Vollzug seines Glaubens und seiner Bindung an Christus. Die Spiritualität, die geistgerichteten Äußerungsformen der Liebe und des Glaubens, durchdringt im Idealfall das ganze Leben und den ganzen Alltag. Entweder sie ist oder sie ist nicht. Heilig und profan haben ausgedient. Jede Zeit ist besondere Zeit, die Lebensgestaltung an sich ein fortwährendes „Gebet". Spiritualität und Ethik – sie können, ja dürfen im christlichen Verständnis nicht getrennt werden. Auch das zeigt das Leben Jesu in Vollendung.

Innerer und äußerer Weg
Im christlichen Selbstverständnis geschieht die Menschwerdung aus dem Geist und erfüllt sich in der Lebenspraxis. Der Geist und die spirituelle Haltung der Offenheit, Achtsamkeit und der Empfänglichkeit führen in einen Prozess, der sich der Kalkulierbarkeit entzieht. Innere Erfahrungsgewissheit vermag jeder Zeit äußeres Handeln, definierte Werte und alle Weisen von Buchstabenfrömmigkeit in Frage zu stellen. Vor dem Einbruch des Göttlichen in die menschliche Existenz hat nichts Bestand, was nicht selbst dem Göttlichen entstammt. Das ewige Wort offenbart sich im Inneren des empfänglichen Menschen und zeigt die Präsenz des Gottesreiches als unmittelbar. Darauf weist in unvergleichbarer Dichte das apokryphe *Tho-*

mas-Evangelium hin, das als spirituelle Ergänzung zum Ethos der Bergpredigt gelesen werden kann. Die aus dem Geist sich offenbarende Wahrheit des Ethos führt in eine instinktive Sicherheit, was die Richtigkeit und Angemessenheit des sittlichen Handelns betrifft. Sie lenkt das ansonsten schnell ichbezogene Denken, Fühlen, Wollen und Tun. Sie führt vom Fürwahrhalten zum Verwirklichen.

Der sich als Christ verstehende Mensch muss einen Eigenbeitrag erbringen für seine Verbundenheit mit dem göttlichen Geist. Sein freier Wille ist gefordert als erste Voraussetzung zu seiner Verwirklichung. Beharrlichkeit im Glauben und Geduld treten hinzu und die Hoffnung, die ihn im Schwebezustand zwischen „schon jetzt" und „noch nicht" hält. Der freie Wille, Beharrlichkeit, Geduld und Hoffnung heben den Menschen über sich selbst hinaus. Doch erst die Gnade macht ihn vollkommen. Karl Rahner schreibt: „Der christliche Mensch... weiß sich immer umfangen von der Gnade Gottes... er ist immer der, der sich selbst nicht vor Gott aufrechnet, sondern alle Rechnungen, alle sittliche Anstrengung, alle sittliche Prüfung, die ihm aufgegeben sind, selbstverständlich... Gott und seiner Gnade anheim gibt." (Rahner 1984, S. 396) Die Bereitschaft, sich der Gnade Gottes auszusetzen, ist eins mit der Haltung der Demut. Sie kann im Horizont des Christlichen als die Haltung des Menschen gegenüber der Unmittelbarkeit des Göttlichen angesehen werden.

Der freie Wille, Glaube, Geduld, Hoffnung und Demut entstehen jedoch nicht von selbst. Ihr Ursprung liegt im Land der Erkenntnis, der Einsicht, des Verstandes. Nicht von ungefähr hat Thomas von Aquin (1225–1274) die Klugheit als Kind des göttlichen Geistes an die Spitze der Kardinaltugenden gesetzt. Sie ermöglicht die Unterscheidung der Geister, warnt vor falschen Stimmen, die verführen wollen. Keine Sittlichkeit ohne Einsicht, kein lebendes Ethos ohne die fließende Quelle der Weisheit. In der Einsicht und im Denken beginnt die Gerechtigkeit. Hier entstehen sittliche Urteilskraft und das Erkennen der lebensgeschichtlich besonderen Momente.

Es macht das Besondere der christlichen Religion aus, dass sie zwar die Bedeutung Christi darin sieht, die Beziehung des einzelnen Menschen zu Gott in Gestalt zu bringen. Gleichwohl ist sie in der Verwirklichung des Ethos und dem Vollzug der Spiritualität auf Gemeinschaft und das Gemeinwesen verwiesen. Hier entsteht der Rahmen für persönliche Entscheidungen. Das ist die Frucht der ersten urchristlichen Gemeinden – den Einzelnen auf die Gemeinschaft und die Gemeinschaft auf den Einzelnen bezogen zu sehen. Gemeinschaft – das meint Kirche. Sie erscheint als der Ausgangspunkt christlicher Spiritualität und christlicher Ethik. In ihrer Gemeinschaft steht dann auch Moral als gleichsam begründungslos gegeben und entsprechend in sich geschlossen. Es erscheint nicht überspitzt, zu formulieren: Die Kirche hat keine Ethik, vielmehr steht sie in ihrem Selbstverständnis für das Ethos schlechthin. Es steht im Dienst der Gemeinschaft und erhält aus deren Überzeugungen und Gewissheiten ihre Prägung.

Freiheit und Entwicklung

Christliche Ethik und Spiritualität wurzeln in der Freiheit. Wie ein frischer Wind weht sie immer wieder durch die wechselnden Phasen der geschichtlichen Entwicklung. Und dies gilt sowohl kirchengeschichtlich/epochal wie auch biographisch. Die Freiheit Jesu steht als Ideal der aus der Grundfreiheit des Ja oder Nein zu Gott geborenen Gotteskindschaft. Diese Freiheit löst sich nicht von jeglicher Bindung, sie entscheidet sich vielmehr für eine bestimmte Bindung – die an das Reich Gottes und die der Fülle des Lebens. Eine Umkehr oder besser ein Aufbruch zu dieser Bindung sieht sich nicht als Selbstbeschränkung oder moralistische Verengung, sondern als das Versprechen des Lebens selbst. In dieses Versprechen kann die Freiheit den Menschen führen, gleichwohl ohne ihm die Macht einzuräumen, über seinen Umgang und sein Ziel letztendlich zu verfügen. Der Christ bleibt bei aller Freiheit ein Verfügter – was die Zeit betrifft, in die er ohne Wahlmöglichkeit gestellt wurde und auch bezogen auf die Zu-Neigung, die ihm, dem Suchenden, aus dem Raum des Göttlichen widerfährt.

Die Annahme und Wahrnehmung der Freiheit zielt auf das ganze Subjekt, auf den ganzen Menschen. Es geht nicht bloß um dieses oder jenes. In dieser Freiheit berühren sich Zeitliches und Ewiges, berührt sich, wozu der Mensch in seiner Bestimmung selbst gehört. Diese Freiheit also richtet aus und führt – auch wenn es paradox klingen mag – in die Unausweichlichkeit einer Grundentscheidung. Mit dieser Entscheidung hat der Christ über sich selbst entschieden, und etwas zu tun oder zu lassen folgt aus der Führung des Sterns, der nun den Horizont betreten hat. Die Wahl zwischen „entweder" und „oder" ist, so Søren Kierkegaard (1813–1855), unser Schicksal. Mit ihr erst tritt das Ethische in Erscheinung:

„Ich bin kein ethischer Rigorist, der für eine formale, abstrakte Freiheit begeistert ist; wenn die Wahl nun erst gesetzt ist, kehrt alles Ästhetische wieder, und Du wirst sehen: Hierdurch erst wird das Dasein schön, und erst auf diesem Wege kann es einem Menschen gelingen, seine Seele zu erretten und die ganze Welt zu gewinnen, die Welt zu gebrauchen, ohne sie zu missbrauchen." (Kierkegaard 1964, S. 46)

Worauf aber beruht die Wahl, was führt zur Entscheidung, was gibt der Freiheit ihre Richtung?

Freiheit, die mehr ist als Beliebigkeit, gewinnt an Gestalt durch die Tiefe und Breite von Begründung, durch den Entwicklungsgrad der Vernunft. Das Handeln resultiert dann nicht bloß aus irgendwelchen Ursachen, sondern folgt Gründen und Begründungen und beugt sich als unabdingbar erkannten Notwendigkeiten. Die Entscheidungsfähigkeit des ganzen Menschen entsteht im Spannungsfeld von Freiheit, Vernunft und Notwendigkeit durch den Akt ihrer Synthese. (vgl. Mynarek 1967, S. 306–314) Und dies ist ein lebenslanger Auftrag. Bis zu seinem Tod lebt der Mensch, der sich selbst in Freiheit angenommen hat, im Zustand des Auf-dem-Weg-Seins, im status viatoris. (vgl. Pieper 1935, S. 13–23) Der status viatoris hält in der Spannung von Schon-Jetzt und Noch-Nicht, hält in der Anforderung zu wachsen und zu werden. Dieses Wachsen und Werden führt in die Überwindung der Ich-Verfangenheit, in das Heraustreten aus der Sinnlosigkeit einer gottfernen Welt, in die Überwindung der Blickbegrenzung, die vor allen irdischen Werten das Wahre und Ewige nicht mehr sieht. Es führt zur Vollendung in der Schau Gottes.

Christliche Ethik und christliche Spiritualität erhalten ihre Wesenstiefe vor dem immer mit zu bedenkenden Entwicklungsauftrag des Menschen – als Person und als Gattung. Und beide erscheinen als einzigartig – das Individuum und die Menschheit an sich. Und sie sind auserwählt, der in Christus inkarnierten Wesenheit Gottes zu folgen bzw. sich in ihr und mit ihr zu verwirklichen.

Doch dieser Glanz der christlichen Religion wirft zugleich auch einen Schatten. Neben dem Menschen als Herz- und Zielpunkt der Schöpfung und damit auch der Ethik bleibt, zumindest in der herrschenden Lehre und den vorherrschenden Traditionen, kaum Platz für anderes Leben. Der Prozess des Lebens an sich gerät aus dem Blickfeld. Spaltungen werden vorgenommen – zwischen Mensch und Tier, Mensch und Natur, Mensch und Kosmos. Es entsteht das harte Fundament des Anthropozentrismus und der verstiegenen Selbstbezüglichkeit. In dem jahrhundertelangen Blick auf sich selbst kam es nicht nur zu schärfsten Abgrenzungen zu allen Andersdenkenden, sondern es entstand auch nie eine Kultur des sittlichen und ehrfürchtigen Verhältnisses zur Mitschöpfung. Als Folge paarte sich nicht selten himmelwärts gerichtete Frömmigkeit und menschliche Nächstenliebe mit einer erschreckenden Gefühls- und Gedankenlosigkeit hinsichtlich anderer Lebensformen. (vgl. Eurich 2000, S. 147 ff.) Ethik und Spiritualität bleiben im Leben somit parzelliert. Sie spiegeln den Entwicklungsstand einer Kultur, in der der Durchbruch zur Erkenntnis und zur Wahrnehmung des Einsseins noch nicht vollzogen ist, auch wenn er in der Gegenwart sich anzudeuten beginnt.

Herausragende Einzelpositionen in der Geschichte des Christentums
Der Einfluss der griechischen Antike auf das christliche Ethos kann nicht hoch genug veranschlagt werden. Dies betrifft vor allem die Bedeutung der Philosophen Platon (um 427– um 347 v. Chr.) und Aristoteles.

Platon ist es zu verdanken, die Beziehung zwischen der Absolutheit des Göttlichen als dem Maß aller Dinge und dem Ethischen des Menschen hergestellt zu haben. Darin wurzelt die Genialität seiner Ideenlehre, in deren Zentrum die Idee des ewigen, absoluten Guten oder Gottes steht. Dorthin richtet sich das Ethos aus, daraufhin ist jeder Mensch verwiesen in seinem Sein, seinem Erkennen und Handeln. Das Ethos hat mit Platon den Raum des Transzendenten betreten, aus dem es wesenhaft stammt. Und sogleich konnte das Göttliche als die Gutheit des Einen in der Ganzheit der Schöpfung selbst wiedererkannt werden.

Aristoteles erdet das Gute und bindet es in Konkretionen an das Verhalten des Menschen. Auf ihn geht die christliche Tugendlehre zurück. Er begründet das am erkannten Guten orientierte sittliche Handeln als das äußerste, was dem Menschen möglich ist. Und dieses Handeln im Vorzeichen des Guten macht den Menschen selbst gut. Dem Tun des Guten ist auch die Freiheit des Menschen untergeordnet bzw. sie ist ihm zugeordnet. Es sollte noch betont werden, dass wir sowohl bei Platon als auch bei Aristoteles die Bindung der individuellen Ethik an das Gesamt der Gesellschaft und die gemeinschaftliche Moral finden. Aus dieser Symbiose erwächst die Gerechtigkeit.

Mit Augustinus beginnt die eigentliche Sündenfall-Erlösungstheologie. Er verlagert die Frage nach dem Guten, nach Ethik und Moral in das Innere des Menschen. Dort ist die Wahrheit zu finden, dort lebt die Liebe. Das Innere lenkt unser Handeln. Und in ihm urteilt das ichbezogene Gewissen, das erkennt durch den Heiligen Geist: „Durch ihn sehen wir, dass gut ist, was überhaupt irgendwie ist. Denn von ihm ist es, der nicht irgendwie ist, sondern ist, ist." (Augustinus 1950, S. 402) Augustinus stellt den Menschen vor eine unmissverständliche Wahl, indem er feststellt, dass jeder sich dem angleicht, was er liebt. „Liebst Du die Erde? Du wirst Erde sein. Liebst Du Gott? Dann sage ich, wirst Du Gott sein." Der so viele Jahrhunderte hindurch verheerend herrschende, vielleicht aber auch entwicklungsgeschichtlich zunächst notwendige Dualismus zwischen Himmel und Erde, der Gottesstadt und der irdischen Stadt des Teufels findet hier ihr Fundament – bei aller Bewunderung der Schöpfung, die – oft verkannt – uns immer wieder in den Schriften des nordafrikanischen Bischofs begegnet.

Die Bedeutung der inneren Stimme Gottes im Menschen, dass das Innere alles zu Tage treten lässt und im Inneren auch seinen Richter findet – darin liegt eine große Ähnlichkeit zwischen Augustinus und Bernhard von Clairvaux (1090–1153). Der Mönch, Klostergründer und Asket, Kreuzzugsprediger, der scharfe Kirchenpolitiker und zugleich begnadete Lehrmeister der europäischen Mystik, stellt daneben, wie Augustinus auch, den Geist und sein Wirken in den Vordergrund: „Erwarte nicht, dass wir diesen Lohn durch unseren Leib empfangen. Der Heilige Geist allein enthüllt es. Umsonst fragst du die Schrift um Auskunft; frage lieber die Erfahrung." (Clairvaux 1997, S. 28)

Mit dem Herzen, nicht mit der körperlichen Wonne behalten wir, so Bernhard, das Paradies; mit dem Herzen, in dem die Liebe wohnt als „das ewige Gesetz, Schöpferin und Lenkerin des Weltalls." (ebd. S. 108) Doch es liebt nur die Seele, die ganz und gar geistig geworden ist.

Selbstbesinnung besteht nach Bernhard am Anfang aller ethischen und spirituellen Orientierungen. Und Selbsterkenntnis stellt die erste Stufe der Wahrheit dar, vor der Notwendigkeit, mit dem Leidenden zu leiden, und schließlich der Gotteserkenntnis. Diesen drei Stufen entsprechen die Vernunft, die Liebe und die Reinheit.

Zu dem Bestreben, den freien Willen zu wollen, tritt die erlösende Gnade, das Gute zu wollen. Die Gnade Gottes erst macht das Wollen vollkommen. „Vollkommen ist unsere Hinordnung zum Guten, wenn uns nichts gefällt als, was sich ziemt und erlaubt ist." (ebd. S. 66)

Die große Bedeutung dessen, was wir heute das Selbst nennen, billigt dem spirituellen Menschen bei Bernhard einen geradezu fürsorglichen Auftrag auch gegenüber sich selbst zu. Sei gut zu dir selbst, habe ein Recht auf dich selbst, schenke Aufmerksamkeit auch dir. Menschenliebe ist erst vollkommen, wenn der Einzelne sich selbst in ihr sammelt und findet. (vgl. ebd. S. 77 ff.)

In Aquino, nahe Monte Cassino, wurde 1225 Thomas von Aquino geboren, vielleicht der größte und begnadetste Denker und Systematiker im christlichen Kontext. Er erkannte die Geistesgaben des Menschen als von Gott geschenkt und deshalb essentiell ewig. Geist und Erkenntnis nahmen somit auch in seiner Tugendlehre den zentralen Platz ein.

Der Geist erst macht den Menschen fähig zur Freiheit – der Freiheit zur Wahl, zur vernunftgemäß begründeten Entscheidung zwischen gut und böse, richtig und falsch. In der Wahl findet Erkenntnis, strebendes Wollen und der natürliche Habitus des Urgewissens zusammen. Den Kanon der Tugenden als übergreifende Grundhaltung des Sittlichen leitet demzufolge die *Klugheit* ein. Sie befähigt den Menschen zur sittlichen Urteilskraft und einem wirklichkeitsgemäßen, sprich guten Handeln. „In der Klugheit werden die ewigen, gottgegebenen Gesetze der Wirklichkeit von Menschen erkannt und als verbindlich anerkannt und ‚neu gesetzt‘." (Pieper 1934, S. 14) Thomas: „Jede Willensbewegung, die einer wahren Einsicht gemäß ist, ist in sich gut; jede Willensbewegung aber, die einem falschen Urteil entspricht, ist böse." (zit. n. Pieper 1935, S. 53)

Mittels der Tugend der *Gerechtigkeit* enthält jeder das ihm Zustehende, verschafft sich das Recht Gehör. Die austeilende Gerechtigkeit (iustitia distributiva) weist dabei von der Gemeinschaft auf den Einzelnen, die legale Gerechtigkeit (iustitia legalis) vom Einzelnen auf die Gemeinschaft. Gemeinwohl und personales Einzelrecht greifen ineinander.

Die *Tapferkeit* dient dem Kampf für das Gute, der Verwirklichung der Vernunft. Sie setzt Verwundbarkeit und die Bereitschaft hierzu voraus. Im Letzten ist sie immer auf den Tod bezogen, die Verwundung bis zum Tode hin. Gleichwohl ist ihre zentrale Eigenschaft nicht der Angriff, sondern Standhalten und Geduld. Thomas unterscheidet drei Stufen der Tapferkeit: Zunächst die politische, alltägliche, gemeinschaftsorientierte; sodann die reinigungshafte Stufe auf dem Weg zu höherer Verwirklichung und einem mystischen Leben; und schließlich die Tapferkeit des geläuterten Geistes, die schon zwischen Diesseits und Jenseits liegt. (vgl. Pieper 1934, S. 74 ff.)

Im *Maß* schließlich findet der Mensch nach Thomas zu seiner Verhältnismäßigkeit und zum angemessenen Umgang mit seinen leiblichen, seelischen und geistigen Kräften und Impulsen. Nüchternheit, Achtsamkeit und Besonnenheit sind die Gaben des Maßes.

Die Tugenden als die Ethik des Thomas im Sinne einer Notwendigkeit für den Weg mit Gott und zu Gott unterliegen der latenten Bedrohung durch die Trägheit des Menschen (Acedia) und der aus ihr resultierenden Verzweiflung. Als die Seinsverfassung der Verdammten will der Mensch in der trägen verzweifelten Traurigkeit nicht das sein und werden, was er nach Gott sein soll und seinem Wesen nach auch ist. Thomas stellt in seiner Ethik die Grenzen und Schwächen des Menschen deutlich heraus und damit auch die Einschränkung hinsichtlich seiner Vernunftfähigkeit. Letztendlich bedarf hinsichtlich der Überwindung des Bösen der Raum des Menschen eines unmittelbaren göttlichen Eingriffs. (vgl. Kluxen 1980/2, S. 237 f.)

Was dem Menschen in seiner Verwiesenheit auf das Göttliche möglich ist – als Wachsender und Werdender in der Einheit des Kosmos, das verdeutlicht im 20. Jahrhundert wohl keiner so ausgeprägt wie Teilhard de Chardin (1881–1955). Der in seiner Lehre seitens der Kirche umstrittene Jesuitenpater, Theologe, Paläontologe, Mystiker und Dichter entwarf eine grandiose, zutiefst optimistische, integrative Gesamtschau des Seins und der Zukünftigkeit. Auch er betonte den Primat des Geistes vor allem und forderte Leidenschaft vom Menschen für das, was er tut und was immer in der göttlichen Mitte des Universums aufgenommen wird: „...im Namen unseres Glaubens haben wir das Recht und die Pflicht, uns leidenschaftlich für die Dinge der Erde einzusetzen... versuchen wir alle Wege! Durchforschen wir alle Abgründe... in unserer Zeit ist die Menschheit im Begriff, erwachsen zu werden. Mit vollem Recht ist in ihr das Bewusstsein ihrer Kraft und ihrer Möglichkeiten erwacht." (Teilhard de Chardin 1962, S. 57)

Die Fülle des Menschseins zu leben, heißt die Stumpfheit zu überwinden und unter dem Aufgebot aller Kräfte „bis zur äußersten Möglichkeit ihrer selbst vorzudringen." (ebd. S. 94) Kampf und Kontemplation, die Pendelbewegung von Teilnahme an den Dingen und Vergeistigung, ist für Teilhard dabei die doppelte und einzige Bewegung, welche die Erde rettet. Und jeder einzelne Mensch stellt in diesem Prozess eine natürliche Einheit dar, mit ihrer jeweiligen einzigartigen Verantwortlichkeit und Möglichkeit. Deshalb dürfen wir uns nicht mindern, sondern jeder von uns darf sich sehen als besonderer Mittelpunkt der Vergöttlichung. Und ihm zur Seite stehen die tätigen Tugenden der Reinheit (Gott in allem suchen), des Glaubens (durch den Glauben und im Glauben tätig werden) und der Treue (der Glaube heiligt die Welt; die Treue vereinigt sich mit ihr).

Und das Böse? „Die Bergzinne kann nur durch den Abgrund, über dem sie aufragt, recht gemessen werden." (ebd. S. 184)

2.2 Islam

Mohammed (um 570–632), der Gesandte Allahs und Stifter der islamischen Religion, die wie das Christentum den Anspruch einer Universalreligion erhebt, erhält seine Bedeutung mehr durch den ihm offenbarten Auftrag als durch die Person selbst. Das unterscheidet – zumindest vom orthodoxen islamischen Verständnis herkommend –

die Rolle des „letzten Propheten" von Jesus, dessen Wesen als Person existenziell und fundamental mit der christlichen Lehre und Lebenspraxis verbunden ist. Im Gegensatz auch zum Christentum, das sich zunächst Jahrhunderte in der Machtlosigkeit und Unterdrückung befand, hatte der Islam bereits zu Lebzeiten Mohammeds Erfolg. Hier gediehen nicht in langwierigen Prozessen Eschatologien und Utopien, sondern hier wartete praktisch bereits in der inhaltlichen und sozialen Konstitutionsphase der Realismus. (vgl. van Ess 1974, S. 78 f.) Und so ging von Beginn an, dem Aufbau eines Gemeinwesens in Medina durch den Propheten, das Streben weniger nach allgemeinen Idealen als nach praktikablen Lösungen für ein geregeltes, sinnvolles und gottgefälliges Leben. Mohammed gründete eine neue Form von Gemeinde (umma), die die bisherigen gesellschaftlichen Bindungen ersetzte und bis heute als Vorbild angesehen wird.

„Er ist Allah, außer dem es keinen Gott gibt; er kennt das Verborgene und das Sichtbare. Er ist der Erbarmer, der Barmherzige... er ist Allah, der Schöpfer, der Erschaffer, der Bildner... ihn preiset, was in den Himmeln und auf Erden ist, denn er ist der Mächtige, der Weise." (Koran, 60. Sure, 22/24)

In Allah liegt die Einheit der Schöpfung und in ihr gehorcht alles unveränderlichen Gesetzen. Der Mensch nimmt als Statthalter Gottes in der gepriesenen Schöpfung eine Sonderstellung ein. Er wurde nach dem Koran geschaffen, um Gott zu dienen. (vgl. 61. Sure, 56) Und man dient Gott durch die Einhaltung seiner Gebote und die Pflege der Schöpfung. (vgl. Kandil 1996, S. 107 ff.) Der Mensch wird Mensch durch die Ausrichtung auf Gott, die Annahme seiner Gebote und seiner Führung, jedoch letztlich auf eigene Verantwortung.

Grundlagen des islamischen Lebens

Fünf Säulen konstituieren das Glaubensleben des Moslems: Das Glaubensbekenntnis (zu Allah und Mohammed, seinem Propheten);

das fünfmalige tägliche Gebet; das Geben von Almosen/Almosen-steuer; die Einhaltung der Vorschriften im Fastenmonat Ramadan; die Wallfahrt nach Mekka einmal im Leben – vorausgesetzt, dass Gesundheit und finanzielle Mittel dies zulassen. Glaube, Gebetspraxis und soziale Verantwortung finden sich hier als Einheit wieder. (vgl. Antes 1980, S. 189 ff.)

Die allgemein gültigen Normen sind darüber hinaus im Islam klar und präzise formuliert und festgelegt. Sie schreiben zumeist bis ins Detail vor, was der Mensch zu tun und zu lassen hat. Das verlieh dem Islam schließlich auch im Zuge seiner Ausbreitung die enorme Kraft der sozialen und politischen Gestaltung des Alltagslebens.

Der Koran als absolute Aussage über das, was Gott geboten hat, lässt zwar viele Anweisungen und Vorschriften erkennen, die man etwa im abendländischen Horizont als ethisch definieren könnte; doch eine eigentliche Ethik auch im Sinne einer philosophischen und auf Erkenntnis zurückzuführenden Kategorie gibt es nicht. (vgl. Antes 1982, S. 42) Nicht die Philosophie des Guten an sich bestimmt die einzelnen Verhaltensweisen, sondern einzelne Verhaltensweisen sind aus sich heraus gut, weil göttlicher Wille. Anders formuliert: Der Koran selbst in seiner Ganzheit ist das Ethos schlechthin, das einer ethischen Theorie oder ethischer Zusatzentwürfe nicht bedarf. Gleichwohl finden wir bereits bei Mohammed wie auch in späteren Auslegungen Grundlagen der Tugendlehre wieder, die Aristoteles in seiner nikomachischen Ethik formuliert hat, als da vor allem sind: Tapferkeit, Ausdauer/Geduld, Großzügigkeit, Barmherzigkeit und Gerechtigkeit. (vgl. Fakhry 1994, S. 199 ff.) Gott liebt die, die solches leben.

Der islamische Sittenkodex greift tief in das Leben des Einzelnen ein und ist auf verschiedensten Ebenen angesiedelt. So finden wir etwa im Bereich dessen, was erlaubt ist, die Unterteilung in Gebotenes, Angeratenes, Gestattetes und Abgeratenes (wofür aber keine Strafe vorgesehen ist).

Dem Verweis auf den Dekalog im jüdisch-christlichen Kulturraum entspricht im Islam ein zwölf Punkte umfassender Kodex im Koran.

Er spricht an: 1. setze neben Allah keinen anderen Gott; 2. ihm allein sollst Du dienen; 3. Ehrerbietung gegenüber den Eltern; 4. gerechte Behandlung der Verwandten; 5. keine Tötung von Kindern aus Armut; 6. keine Unzucht; 7. keine Tötung eines Menschen, außer es besteht ein Recht dazu (Krieg, Blutrache); 8. kein Übergriff auf das Vermögen der Waisen; 9. eingegangene Verpflichtungen erfüllen; 10. Ehrlichkeit im Sinne von „mit der richtigen Waage messen"; 11. keinen unbegründeten Verdacht, Achtsamkeit für Gehör, Gesicht, Herz und Verstand; 12. keine Überheblichkeit. (vgl. 17. Sure, 22/ 23–38) Das Verbot der Lüge, der Habsucht, der Heuchelei, des Alkoholgenusses und des Glücksspiels ergänzen unter anderem an anderer Stelle im Koran diesen Kodex. Im Laufe der Geschichte erfuhr er eine immer weitere Ausdifferenzierung, in der Präzedenzfalllösungen eine bedeutende Rolle spielen.

Die Sicht des Menschen im Islam ist, fußend auf dem Koran, durchaus positiv. Eine der Erbsündenlehre vergleichbare Doktrin existiert nicht. Gleichwohl neigt der Mensch auch zum Bösen. „...siehe, die Seele ist geneigt zum Bösen, es sei denn, dass sich mein Herr erbarmt", sagt Josef in der 12. Sure (53). Zur letzten Erkenntnis des Bösen allerdings sieht sich der Mensch nicht in der Lage. Er bedarf dazu der Vermittlung durch Gott, der ja auch „tut, was er will" – jenseits von Gut und Böse. Am Ende der Tage muss der Mensch Rechenschaft ablegen. „An jenem Tage werden die Menschen in Haufen hervorkommen, um ihre Werke zu schauen; und wer auch nur Gutes in Gewicht eines Stäubchens getan, wird es sehen. Und wer Böses im Gewicht eines Stäubchens getan, wird es sehen." (99. Sure, 6–8)

Was wir in der christlichen Tugendlehre bei Thomas als Acedia kennengelernt hatten, finden wir im Islam als die Schwäche des Menschen, der Gott vergisst, sich nur um Hilfe im Gebet an ihn wendet und früherer Gnadenerweise nicht gedenkt. Sure 41: „Nicht ermüdet der Mensch, um Gutes zu bitten, und wenn ihn das Böse trifft, so ist er verzweifelt und verzagt. (49)... und wenn wir dem Menschen gnädig gewesen sind, so kehrt er sich ab und wendet sich zur Seite. Wenn ihn aber Böses trifft, dann beginnt er, Bittgebete in großzügiger Weise zu sprechen. (51)"

Wesentlich stärker als im christlichen Kontext sieht sich die islamische Religion als Einheit mit der Gemeinschaft und dem Einzelnen. Der Gedanke der Solidargemeinschaft beschränkt sich dabei nicht nur auf ein engeres Verständnis von Gemeinde, sondern bezieht Bedürftige an sich mit ein und beinhaltet ein ausgeprägtes Gastrecht. Das Soziale kann als der Rahmen für die individuellen Entscheidungen gesehen werden. Es beugt einer Privatisierung und Vereinzelung von Religion und ethischem Verhalten vor. Das auch prädestiniert den Islam für den Anspruch übergreifender Verbindlichkeit bis hin zur Staatsreligion.

Die Beziehung von äußerem und innerem Weg
Das rechte Tun, weniger der rechte Glaube, bestimmen das Leben im Islam. Das Äußere finden wir fixiert, bis in Detail, das Innere, die Haltung und Absichten, das Denken und Empfinden, liegt in der Obhut der Bewertung durch Gott. Hier hat das irdische Recht keinen Zutritt. Die Mystik füllt auch im Islam diese Lücke. An vorderster Stelle steht hierbei der Sufismus, der das reine Gesetzes-Denken durch Dichtung, Musik und Tanz erweitert. Annemarie Schimmel schreibt: „Das Gesetz verspricht, ja garantiert gewissermaßen sogar das Heil des Menschen in dieser Welt wie nach seinem Tode, während die Tendenz in den mystischen Bewegungen dahin geht, das Göttliche hier und jetzt zu berühren... die unmittelbare Erfahrung der Liebe ‚kosten'". (Schimmel 1995, S. 305) Der Mensch wird nach sufischer Auffassung zum Schöpfer der Verwirklichung für das, was schon immer als Möglichkeit in ihm ruhte. (vgl. Khan 1975, S. 11) Die Kontemplation führt ihn dabei und löst ihn von fest umrissenen, versklavenden Formen, führt ihn zum Prototyp des Menschseins. Kein Denken und kein Tun geschieht mehr ohne spirituelle Tiefe und

kontemplative Achtsamkeit. Aus dem ungerichteten Unbewussten und der bloßen Buchstabentreue heraus ereignet sich die Umwandlung aller Werte hin zum unüberbietbaren Licht, das alle Dunkelheiten des Gewöhnlichen überstrahlt. (vgl. ebd. S. 46 f.) Der islamische Mystiker, wie alle Mystiker, spürt Gott in allem und sieht sich selbst als Teil des Göttlichen. Denn er kann nur schauen, was Gott in ihm erschaut und offenbart hat. Ein Gleichnis ist der Mensch und ein Spiegel des Absoluten. Die islamische Mystik steht in teilweise fundamentalem Widerspruch zur verordneten und praktizierten Lehre. Vor allem bricht sie mit dem Bild eines allmächtigen, in unüberbrückbarer Distanz zu dem Menschen stehenden Gottes. Und sie gesteht dem Menschen als Spiegel und Teil des Kosmos eine ungleich größere Freiheit zu, als dies das nomos-orientierte Regeldenken in seinen kasuistischen Spitzfindigkeiten sehen kann. Sie macht ernst mit dem Menschenbild der Koranaussage von der Statthalterschaft Gottes auf der Erde (etwa 2. Sure, 30; 35. Sure, 39) und seiner Sachwalterschaft für die ganze Schöpfung. Das Freiheitsbild der Mystik aber steht nur exemplarisch für die Spaltung der moslemischen Gemeinde in die Protagonisten menschlicher Freiheit und die Deterministen, die bereits seit dem siebten Jahrhundert existiert. (vgl. Fakhry 1994, S. 19)

2.3 Buddhismus

Buddha, der Erwachte, der den Namen Siddharta Gautama trug und dem die Weltreligion des Buddhismus ihre Existenz verdankt, wurde etwa 563 v.Chr. geboren und starb im Jahre 480. „Buddha" an sich gilt als eine Art Ehrenbezeichnung, die nicht nur auf diesen historischen Buddha, sondern auch auf andere erwachte und erleuchtete Persönlichkeiten in der Geschichte und der Zukunft Anwendung findet. Zwei Hauptschulen prägen den Buddhismus. Der Weg des Hinajana oder auch Theravada, der sich auf die Stiftung durch Gautama

Buddha selbst zurückführt, blieb bis heute eine Mönchsreligion ohne Kultobjekte. Der vor gut 2000 Jahren hinzugekommene Mahajana richtet sich als Erlösungsweg an alle Menschen. (vgl. Mensching 1990, S. 157ff.) Der Buddhismus stellt keine Offenbarungsreligion dar und verfügt über kein der Bibel oder dem Koran vergleichbares Textdokument. Das höchste Ansehen unter den schriftlichen Glaubenstexten genießt in allen Schulen der in dem alten indischen Pali-Dialekt verfasste Pali-Kanon, eine umfangreiche Schrift unterschiedlichster Regelwerke, Lehrreden und zugeordneter Interpretationen.

Alles entsteht, wird, wandelt sich und vergeht. Nichts bleibt davon ausgenommen, auch nicht die Götter selbst. Kein Wesen entgeht dem Rad der Wiedergeburten. Im Buddhismus wird der Mensch auf sich selbst zurückgeführt. Ihm selbst obliegt die Gestaltung seiner Entwicklung, nichts außerhalb von ihm Stehendes greift ein. Er muss lernen, sich auf sich selbst zu verlassen und selbstbestimmt den Weg des Erwachens zu gehen. Gleichwohl ist er kein Ich, mit einer unzerstörbaren Ich-Substanz, sondern eingebunden in beständig fließende Lebensströme, die *Dharmas*. Sie enthalten die Elemente und alle Vorgänge, Substanzen und Qualitäten des Seins. (vgl. Rübenacker 1998, S. 78 ff.) Sie vereinigen die Kräfte, die das Werden und den Wandel bestimmen, sie prägen in einer bestimmten Kombination die Personalität, und sie bestimmen die Qualität der Wiedergeburt als neues und sich wandelndes Bündel von Lebenskräften.

„Der Dharma ist das wahre Wesen aller Dinge im ganzen Universum und dieses selbst. Er ist eine Lehre, übervoll an Möglichkeiten. Er ist das Ins-Dasein-Treten und das Vergehen dieser Möglichkeiten. Er ist das Zusammenwirken der Wesen, ihre wechselseitige Durchdringung und gegenseitige Abhängigkeit." (Aitken 1989, S. 109)

Leiden und Nichtwissen prägen den Weg des Menschen. Habenwollen, Anhaften und Gier halten ihn in beidem. Das Böse sowie das

Gute auch wurzeln allein in seinem Herzen. Das zu erkennen, heißt den Geist zu entfalten, der sich nicht von der Welt der Erscheinungen täuschen lässt. Welcher Geist? Der Geist, der fort von Begierde und Leidenschaft führt, hinein in die letzte Erkenntnis, die vor dem Nirwana steht, dem „Ort", an dem alles verweht und gestaltlos aufgehoben, an dem der Kreislauf der Wiedergeburten durchbrochen ist.

Die edlen Wahrheiten

Mit dem Leiden beginnt die buddhistische Lehre, wie sie uns in der berühmten Predigt des Buddha im Gazellenhain von Benares vollendet gegenübertritt:

„Dies, ihr Mönche, ist die edle Wahrheit vom Leiden. Geburt ist Leiden, Alter ist Leiden, Krankheit ist Leiden, Tod ist Leiden, mit Unlieben vereint sein ist Leiden, von Lieben getrennt sein ist Leiden, nicht erlangen, was man begehrt, ist Leiden: Kurz, die fünferlei Objekte des Ergreifens sind Leiden. Dies, ihr Mönche, ist die edle Wahrheit von der Entstehung des Leidens. Es ist der Durst, der zur Wiedergeburt führt, samt Freude und Begier, hier und dort seine Freude findend: Der Lüstedurst, der Werdedurst, der Vergänglichkeitsdurst. Dies, ihr Mönche, ist die edle Wahrheit von der Aufhebung des Leidens: Die Aufhebung dieses Durstes durch restlose Vernichtung des Begehrens, ihn fahren lassen, sich seiner entäußern, sich von ihm lösen, ihm keine Stätte gewähren. Dies, ihr Mönche, ist die edle Wahrheit vom Wege zur Aufhebung des Leidens: Es ist dieser edle, achtteilige Pfad, der da heißt: rechtes Glauben, rechtes Entschließen, rechtes Wort, rechte Tat, rechtes Leben, rechtes Streben, rechtes Gedenken, rechtes Sichversenken." (zit. n. Mensching 1990, S. 197)

Menschen müssen zuerst die Krankheit erkennen, an der sie leiden, sodann ihre Ursache bestimmen, die Ursachen beseitigen und den Weg der Heilung gehen, den achtfachen Pfad. Er besteht aus drei Wegstrecken/Stationen: der angemessenen Erkenntnis (panna), der angemessenen Sittlichkeit/Moral (sila) und der angemessenen

Sammlung/Versenkung/Meditation (samadhi). Die Punkte drei, vier und fünf wirken zunächst etwas fremd in der achtteiligen Kette. Sie erinnern an die bodenständige Ethik des Dekalogs. Und so sind sie auch zu verstehen. Sie warnen vor dem Scheitern, dem Scheitern durch allzu Menschliches, welches das Erkennen und den meditativen Weg blockiert. Ohne die rechte Lebensweise kann die Vollendung nicht gelingen. Andererseits geht jedem rechten Handeln die rechte Erkenntnis voraus und die Sammlung, aus der die Achtsamkeit im Moment geboren wird.

Ein von Allgüte erfüllter Geist (metta) durchdringt den wahren Buddhisten. Frei von Groll und Übelwollen empfindet er Mitleid (karuna) mit allen Wesen, Mitfreude (mudita) und dies alles in Gleichmut (upekkha). In der Metta findet sich das Einssein und Einsempfinden mit allen Seinsformen. So finden wir in der Metta-Sutta, gleichsam dem Hohelied des Buddhismus, die Aussage:

„...ach, möchten alle glücklich sein!...
Zur ganzen Welt entfalte man
ein Herz voll Güte, unbeschränkt,
nach oben, unten, überall,
von Zwang und Hass und Feindschaft frei...
wer keiner Ansicht ist verfallen
und sittenreich ist, voll Erkenntnis,
der Sinnengier ganz überwand, -
der tritt in keinen Mutterleib mehr ein."
(Gerlitz 1980, S. 337)

Der Allgüte und Allliebe entspringt als Grundhaltung Ahimsa, das Nicht-Schädigen, Nicht-Töten, der Geist des Nicht-Verletzens. (vgl. Eurich 2000, S. 73–141) Auch die Mitfreude gehört dazu, die dem Pessimismus widersteht, und der Gleichmut, die Ruhe, die vor dem Extremen schützt und dem Abgleiten in überbordende Empfindungen und Gefühle. Der Gleichmut entspricht gleichsam dem Maß in den christlichen Kardinaltugenden. Ohne ihn erlangt der Werdende auch nicht die erforderliche Toleranz und Geduld.

Auch im Buddhismus stoßen wir auf zehn Hauptgebote, wie etwa in der Zen-Tradition. Sie können als schulenübergreifend gesehen werden. 1. Nicht töten/nicht schädigen, 2. Nicht stehlen, 3. Keinen Missbrauch der Sexualität, 4. Nicht lügen, niemals „Worte ohne Wurzeln" verwenden, 5. Keinen Umgang mit Drogen, 6. Nicht über die Fehler des anderen sprechen, 7. Nicht sich selbst durch Verunglimpfung anderer loben, 8. Den Überfluss des Dharma nicht eigenmächtig zurückhalten, 9. Nicht von Wut mitreißen lassen, 10. Nicht über das Edle lästern. (vgl. Aitken 1989, S. 26–131)

Der andere, ja das andere Leben schlechthin, bildet den Fokus buddhistischer Ethik. Und es ist geradezu existenziell in absolutem Maße, die Suche nach Leidlosigkeit allen Lebens zu respektieren. Die Liebe des Buddhisten nimmt nichts aus, Respekt und Dankbarkeit gebühren allen Lebewesen.

Die edlen Wahrheiten und was aus ihnen an Konkretionen erwächst sind als generelle Wegweisungen für den persönlichen Weg zu verstehen, sowohl für Mönche als auch für Laien. Der achtgliedrige Pfad des Buddha hat etwas Absolutes und stellt eine Einheit dar; gleichzeitig enthält er allerdings für jeden Menschen auf jeder Stufe der persönlichen Entwicklung ein Heilmittel. Insofern kann dieser Weg auch als Widerspiegelung der Entwicklungsgeschichte der Menschheit an sich und jedes Einzelnen in seinen vielen Leben gesehen werden.

Die buddhistische Ethik als nicht-theistische Ethik geht als Notwendigkeit der möglichen Erlösung voraus. Ethisches Handeln fundiert den Weg, ist aber nicht das Ziel selbst. Insofern liegt der Wert der Ethik auch immer in ihrer Praktikabilität. Und damit zeigt sie sich selbst dem Werden und Wandeln und dem Fließen in den jeweiligen Realitäten unterworfen bzw. zugeordnet.

Achtsamkeit, die immer schon alles enthält, sich auf alles ausrichtet und den Augenblick erfüllt, gibt allem Tun, ja Sein eine spirituelle Tiefe. In der Achtsamkeit, die in der meditativen Haltung eingeübt wird und ihren höchsten Ausdruck findet, verwirklicht sich der Geist als König aller Dharmas. „Der Geist ist der Maler, der alles malt." (Thich Nhat Hanh 1991, S. 25) Ethik und Spiritualität im Buddhismus sind eins. Beides kann ohne das andere nicht gedacht werden und nicht zur Praxis finden.

Alles ist vergänglich und im Werden

Menschen, die zur Buddhaschaft reifen wollen, gelangen nach vielen Häutungen und Anstrengungen in den Status des Bodhisvatta, eines Kandidaten. Edler Geist und Taten, die ihn adeln, zeichnen den Bodhisvatta aus. Das Heil anderen Lebens liegt ihm noch näher als das eigene, das er zugleich jedoch nie aus den Augen verliert/verlieren darf. Die Einbindung in eine entsprechende Gemeinschaft Gleichgesinnter unterstützt den Buddhaweg, dem in der Einzelgängerschaft der Sog der Welt leicht zu mächtig werden könnte.

Kein Glauben an eine allmächtige Gottheit und keine Erwartung von Gnade stehen dem nach Erlösung strebenden Buddhisten bei. Er selbst hält die Fäden seines Schicksals in der Hand. Ohne die rechte Motivation kommt er nicht voran. Und er benötigt die Einheit von ethischem Tun und geistiger Durchdringung, von Mitleid und Weisheit. Diese Einheit führt in die direkte Erfahrung der Wirklichkeit. Das eigene Leben, nicht eine spekulative Philosophie, spielt die Melodie des Seins. Offenheit und Lernfähigkeit begleiten den Wanderer, der im Bewusstsein geht, dass die Wahrheit von heute nur zu oft zum Irrtum von morgen wird. Buddha sagt: „Es ist gut, Zweifel zu haben. Glaubt nicht an etwas, weil die Menschen viel darüber reden oder weil es schon immer so war oder weil es so in den Schriften steht... Achtet darauf, ob es eurem Urteil widerspricht, ob es schädlich sein kann, ob es durch weise Menschen verurteilt wird, und vor alledem, ob es in der Praxis Zerstörung und Schmerz verursacht... Alles, was ihr als schön betrachtet, was mit eurem Urteil übereinstimmt, was durch weise Menschen anerkannt wird und was im praktischen Leben Freude und Glück bringt, könnt ihr akzeptieren und ausüben." (zit. n. Thich Nhat Hanh, S. 40)

Dem Zweifel liegt die buddhistische Weisheit zugrunde, dass die Welt, in der wir meinen zu leben, oft nur bloßer Schein ist, eine Kopfgeburt. Meditative Übungen, die wie im Za-Zen das logische und vernunftgemäße Denken zurückfahren, um die Achtsamkeit für den Moment zu stärken, unterstützen den Weg der Desillusionierung und des Nicht-Anhaftens auch an Lehren und Dogmen. In dem grandiosen Werk „Siddharta" von Hermann Hesse, spricht Siddharta am Ende seines abwechslungsreichen Lebens zu dem Weggefährten Govinda:

„Einen Stein kann ich lieben, Govinda, und auch einen Baum oder ein Stück Rinde. Das sind Dinge, und Dinge kann man lieben. Worte aber kann ich nicht lieben. Darum sind Lehren nichts für mich, sie haben keine Härte, keine Weiche, keine Farben, keine Kanten, keinen Geruch, keinen Geschmack, sie haben nichts als Worte. Vielleicht ist es dies, was dich hindert, den Frieden zu finden, vielleicht sind es die vielen Worte. Denn auch Erlösung und Tugend, auch Sansara und Nirwana sind bloße Worte, Govinda. Es gibt kein Ding, das Nirwana wäre; es gibt nur das Wort Nirwana... Die Liebe, oh Govinda, scheint mir von allem die Hauptsache zu sein. Die Welt zu durchschauen, sie zu erklären, sie zu verachten, mag großer Denker Sache sein. Mir aber liegt einzig daran, die Welt lieben zu können, sie nicht zu verachten, sie und mich nicht zu hassen, sie und mich und alle Wesen mit Liebe und Bewunderung und Ehrfurcht betrachten zu können." (Hesse 2000/1922, S. 117 f.)

Der Buddhist ist frei in seinen Entscheidungen und doch geprägt von den vorherigen Leben, deren Karma ihn in die Wiedergeburten führen, zu deren endgültiger Überwindung der achtgliedrige Pfad, der viele Leben in Anspruch nehmen kann, führt. In diese Welt, die von dem Rad der Wiedergeburten angetrieben wird, gibt es keinen Stillstand, nur Entstehen und Vergehen, Geburt und Tod, Werden, Wachsen und Zerstörung. Alles zeigt sich als Prozess, jede Statik entlarvt sich als bloßer Schein. Zur erlösten Buddha-Persönlichkeit kann grundsätzlich jeder gelangen; jede Personalität birgt in sich Entwicklungsfähigkeit. Der Gipfelanspruch der Überwindung des Nichtwissens durch absolutes Loslassen scheint im Letzten jedoch wohl ein Mönchsweg zu sein.

2.4 Hinduismus

Ab etwa 1500 v. Chr. entstanden im Verlauf von ca. 3000 Jahren die vedischen Hymnen, die heiligen Schriften des Hinduismus. Sie gelten als die frühesten religiösen Dokumente der Hochreligionen. Die Veden sind grandiose Sammlungen indischer religiöser Literatur, Ritualphilosophie und Mystik. Verfasst sind sie in Sanskrit, der Gelehrtensprache Altindiens und nach Auffassung der Hindu der Sprache der Götter und Ursprache der Menschheit. (vgl. v. Glasenapp 1992, S. 49)

So wie sich in den Veden der Entwicklungsweg und Reifegrad der indischen Kultur widerspiegelt, so kann die vedische Religion, der Hinduismus, als eine gewordene Religion betrachtet werden. Es handelt sich, genau genommen, um ein ineinander verflochtenes System von Religionen auf unterschiedlichen Entwicklungsstufen, ohne dass es zu einem Bruch mit den älteren Systemen gekommen wäre. (vgl. Schwarzenau 1993, S. 154 ff.) Drückt sich in den Schriften des Hinduismus auch eine überzeitliche, transzendente Wahrheit aus, so haben wir es hier gleichwohl nicht mit einer Offenbarungsreligion zu tun. (vgl. Bandyopadhyay 1995, S. 9 ff.)

Erkenntnis, Nicht-Anhaften, Wahrhaftigkeit
Eine natürliche Ordnung gestaltet und regelt den Kosmos. Ein Weltgesetz liegt allem zu Grunde, hält, schützt, trägt – Dharma.

Nach ihm richtet sich auch das Ordnungsgefüge des menschlichen Seins – so wie das der Götter und das der Dämonen. Alles hat seinen Platz, seine Aufgaben, seinen Horizont des Möglichen. (vgl. Rübenacker 1998, S. 59 ff.) Das Ziel des Menschseins im Verlauf allen Lebens liegt in der Erfüllung des personalen Dharmas, das sich im Prozess der Wiedergeburten wandelt. Ihm gerecht zu werden, hat eine geradezu kosmische Bedeutung. Denn der Weg des einzelnen Menschen ist untrennbar mit dem Wohl und der Harmonie des Ganzen, des Universums, verbunden. Personal entscheidet der Grad der Verwirklichung, die Hervorbringung guter Taten über das Karma und damit über die Qualität der Wiedergeburt. Die Wiedergeburt ist das Echo auf meine Taten. Der Mensch erntet, was er selbst gesät hat. Freiwerden vom ewigen Kreislauf des In-die-Welt-Gestelltseins kann nur, wer die letzte Zeitlosigkeit erreicht, die Erlösung, moksha.

Auf dem jahrtausende alten hinduistischen Weg, die Sehnsucht nach Erlösung zu erfüllen, spielen Rituale und rituelle Handlungen eine Schlüsselrolle. Denn die in ihnen ruhende Kraft übersteigt selbst das Vermögen der Gottheiten. Rituelle Handlungen zentrieren das Gemüt auf das Wesentliche und sind zugleich ein tägliches Fest spiritueller Erfahrungen. Zur Geschichte des Hinduismus gehört untrennbar zugleich jedoch die Geschichte meditativer Praxis und einer schrittweisen Ersetzung zahlreicher Rituale durch den Weg der Versenkung.

„Nur um Taten bemühe dich,
niemals um (deren) Ergebnisse;
nie sei der Lohn einer Tat für dich Ursache (des Handelns)!
Du sollst (aber auch) nicht am Nicht-Tun haften!
Gottes gedenkend, tu die Taten,
das Anhaften aufgegeben habend...
Erfolg und Misserfolg nimm gleichmütig auf:
Als Gleichmut wird Yoga bezeichnet...
Im Geist suche Zuflucht!

Armselig sind die, die im Lohn den Anlass (zur Tat sehen).
Der Weisheitsvolle gibt hier beide auf:
Guttat und Übeltat.
Dafür gib dich der Versenkung hin!
Versenkung bei den Taten ist heilsam.
Denn die taterzeugte Frucht
geben die Weisheitsvollen und Verständigen auf.
Von der Geburtenfessel befreit,
gelangen sie an die Stätte des Heils."
(Bhagavad Gita, 2. Gesang, 47–51)

Das Gute tun, ohne auf den Erfolg zu sehen und Lohn zu erwarten; meiner Pflicht nachkommen, ohne Selbstsucht und ohne Anhaften, ohne Begierde, Furcht und Zorn und ohne Verlangen, das die Sinne beherrscht. Der hinduistische Weg kann ohne den Pflichtcharakter des sozialen Handelns, das sich dem Ganzen verantwortet weiß, nicht gedacht und nicht verstanden werden. Doch das Handeln (karma-marga) ist eingebunden – in das Wissen (jnana-marga) und die gläubige Hingabe (bhakti-marga). Dieser Dreiklang der Wege, die gleichwohl getrennt gesehen werden können, führt in die mystische Suche nach Glückseligkeit und das Erreichen kosmischer Freude.

Ohne Einsicht und Erkenntnis, ohne dass wir uns in die Lage versetzen, die Welt von einem gesunden und angemessenen Urteilsvermögen aus zu betrachten, kann der Mensch sein Ziel nicht erreichen. Er wird wieder und wieder scheitern und sich in Unheil verstricken. Der Resonanzboden allen Wissens besteht aus der Erkenntnis der letztendlichen Identität von *brahman* und *atman*, von absolutem und individuellem Wesen, absoluter Seele und personalem Selbst.

In sich und durch sich hindurch erfährt der Mensch das Ganze, die universale Kraft und Gestalt.

Der indische Weise Paramahansa Jogananda (1893–1952) lehrt: „Unwissenheit gleicht einem scharfen Gift, das sich im ganzen Körper ausbreitet. Wenn wir derart vergiftet sind, erkennen wir unser wahres Wesen – das Ebenbild Gottes – nicht mehr. ... solange ihr in Unwissenheit lebt, wisst ihr nicht, wie viele leidvolle Inkarnationen noch vor euch liegen." (Jogananda 1995, S. 291 f.)

Wahrheit und Wahrhaftigkeit sind die Frucht der Einsicht und Erkenntnis. Sagen, was man sieht, hört und denkt; den Geist beherrschen und entsprechend handeln. Wahrheit reinigt den Geist; sie bewahrt vor Unreinheit und Sünde und der Gefahr, anderes Leben willentlich und wissentlich zu verletzen. Leben in der Wahrheit macht die Eingebungen der inneren Stimme rein und untrüglich. Und Ähnliches bringt Ähnliches hervor.

„Wer die Berührungen der Außenwelt abgeschüttelt hat,
den Blick zwischen die Augenbrauen richtet,
das Ein- und Ausatmen gleich regelt,
die beide durch das Naseninnere gehen –
Sinne, Geist und Verstand zügelt,
als Weiser die Erlösung als Höchstes ansieht,
befreit von Wünschen, Furcht und Zorn ist –,
er ist für immer erlöst...
So übend immerdar sein selbst,
gelangt der Meditierende gezügelten Geistes
zum Frieden, der im Nirwana als Höchstem besteht
und in mir seine Stätte hat."
(Bhagavad Gita, 5. Gesang, 27./28. und 6. Gesang, 15.)

Die Unwissenheit zu überwinden, bedarf es der Meditation. Mit ihr erschließt der Mensch seine eigenen geheimnisvollen Kräfte und erfährt Berührung durch die Kraft des absoluten Geistes. Der steile, in Anstrengung und Beharrlichkeit gegangene Weg der Meditation heilt; er heilt von den Trugbildern und Illusionen, heilt von Maya, dem Netz kosmischer Täuschung, in dem wir uns so leicht verstricken.

Alles Tun ist sinnlos ohne Gottesliebe
„Wer mich überall sieht
und alles in mir sieht,
dem entschwinde ich nicht,
und er entschwindet mir nicht.
Wer mich in allen Wesen befindlich liebt,
in Einheit mit mir befindlich,
wo er auch sich bewegt –
dieser (mir) Ergebene bewegt sich in mir."
(Bhagavad Gita, 6. Gesang 30./31.)

In der hingabevollen Gottesliebe bietet sich jedem Hindu, unabhängig von sozialem Stand, Zugang zu höheren Weisheiten und meditativer Schulung, ein möglicher Weg zur Erlösung. Ja, grundsätzlich wird alles erst sinnhaft durch die Ausrichtung auf das Göttliche. Negativ formuliert: „Das irdische Leben scheint sinnlos und verworren, solange wir nicht im Göttlichen verankert sind." (Jogananda 1995, S. 288) Die liebende Zuwendung zum göttlichen Geist, zum Absoluten und seinem Wesenskern auch in mir selbst adelt alles Tun, auch die einfachsten Arbeiten zum Gottesdienst. Trennungen sind aufgehoben, die Herzens- und Geisteserfahrung des Einsseins durchwebt die gesamte Existenz. Von hierher bestimmt sich das, was wir im Westen Ethik nennen und was im hinduistischen Kulturraum zu denken keinen Sinn macht ohne religio, Rückbindung, Rückverwurzelung. Gutes tun ist spirituell und Spiritualität erfüllt das Tun. Das Göttliche setzt alle Maßstäbe, eine Moral aus sich heraus existiert – zumindest in der Reinheit der Lehre – nicht.

2.5 Taoismus

„Die Menschheit folgt der Erde.
Die Erde folgt dem Himmel. Der Himmel folgt dem Weg (Tao)"
(Tao-te-king, 25)

Wenig gesichertes Wissen besteht über den Weisen Laotse, den Verfasser des Tao-te-king und Initiator der taoistischen Religion. Zwischen dem 4. und 5. Jahrhundert v. Chr. lebte und wirkte er in China – in Stille wohl und unspektakulär, seiner großen und so schlichten Lehre entsprechend.

Alles ruht im Tao, diesem Unaussprechbaren, Nichtsagbaren, der ewig wirkenden Ursprungs- und Vollendungskraft des Seins und Werdens. „Weg" und „Pfad", wie Übersetzungen dies nahelegen – ja – und doch ist das Tao unendlich mehr. Das Tao ist das Absolute, die „Mutter aller Welt" (Tao-te-king, 25), die Kraft des Lebens, die aus sich selber wirkt, eines äußeren Anstoßes nicht bedürftig. Steht der Mensch mit dem Tao in innerer Verbindung, so kann auch er wirken aus der Kraft des Nichttuns, in der Lebenshaltung des wu-wei, dem Handeln und Nichthandeln im Einklang mit der Natur.

Wendet der Mensch sich dem Ich zu, verlässt er die Kraft des Tao. Nicht aus sich selbst heraus entsteht nun das ideale Sein, sondern durch äußere Anforderungen. Die formulierte Ethik spiegelt den Zerfall der natürlichen Ordnung.

„Gerät das große Tao in Verfall,
so gibt es Menschenliebe und Gerechtigkeit."
(Tao-te-king, 18)

Alles Fehlverhalten, alle Einforderungen von Sittlichkeit und Gesetzeshandeln folgen lediglich der Missachtung der kosmischen Ordnung.

Das Tao entfaltet sein Wissen und seine Kraft in der irdischen Welt durch das Te. Das Te macht das ewige Prinzip konkret, bindet es an den einzelnen Menschen. Da der Mensch als Teil dem Ganzen immer schon angehört, lebt auch das Te schon immer in ihm, so wie in allem, was ist. Man kann es als überzeitliche sittliche Kraft sehen, die in der Zeit ihre Entäußerung aus sich selbst heraus erfährt. Diesem Impuls folgen heißt intuitiv, nicht präskriptiv, richtig handeln.

Laotse, dem Mystiker des wu-wei, ging es mit dem Handeln durch Nichthandeln nicht um Weltflucht, nicht um lethargisch-fatalistische Passivität, sondern um das Sich-Einfinden im ewigen Strom des Seins und dem ewigen Gesetz des Universums, das über allen künstlichen menschlichen Ordnungsversuchen steht. Wer in diesem Strom lebt, lebt in der natürlichen Ordnung und der natürlichen Liebe, von der es keinen Sinn macht, sie zu predigen oder als Pflicht einzufordern. Wunschlosigkeit, nicht Anhaften, durch das Leben wandern in Muße, in der Gelassenheit, die immer schon alles enthält. Nur der in sich und im Urstrom Ruhende vermag anderen ein Vorbild zu sein.

Aus einer Schrift, die ein Schüler des Laotse in Auseinandersetzungen mit Konfuzius (552–479 v. Chr.) verfasste:

„Missgunst und Gunst nehmen und geben, lernen und lehren, zeugen und töten: Diese acht Dinge sind Werkzeuge des Vollkommenen. Aber nur der, der dem großen Wechsel zu folgen im Stande ist und nirgends haftet, vermag sie sich zunutze zu machen. Darum heißt es: Wer andere recht macht, muss selber recht sein. Wer das im Herzen nicht erfahren hat, dem öffnen sich nicht die Tore des Himmels." (zit. n. Mensching 1990, S. 244)

Der Taoismus nimmt in den vorgestellten religiös-ethischen Systemen sicherlich eine Sonderstellung ein. Regeln, Normen, Gesetze lehnt er weitgehend ab, was auch als eine Reaktion auf den Konfuzianismus verstanden werden kann, und die dort formulierten, willentlich erstrebten Ideale im Rahmen einer fest gefügten, hierarchischen staatlichen Ordnung. Ob die taoistischen Grundsätze in ihrer Klarheit und Reinheit lebbar sind, bleibt eine offene Frage, wie bei den Grundsätzen wohl jeden religiös-ethischen Systems. Erschwerend kommt hier allerdings das Fehlen konkreter Orientierungen und der weitestgehende Verzicht auf stützende Riten hinzu – zumindest in der ursprünglichen, nicht volksreligiösen Gestalt. Sein und Werden in Tao und Te und in der Haltung des wu-wei – das erfordert zudem viel an konkreter Lebenserfahrung und Lebensweisheit, die wohl nur einer Elite zugänglich ist, der Elite der Berufenen:

„Er verweilt in Wirken ohne Handeln.
Er übt Belehrung ohne Reden.
Alle Wesen treten hervor,
und er verweigert sich ihnen nicht.
Er erzeugt und besitzt nicht.
Er wirkt und behält nicht.
Ist das Werk vollbracht,
so verharrt er nicht dabei.
Und eben weil er nicht verharrt,
bleibt er nicht verlassen.
(Tao-te-king, 42)

Dies erinnert sehr an die Worte Jesu im Thomas-Evangelium:
„Werdet Vorübergehende."

3 Integration und Entgrenzung

Ethik und Spiritualität in ausgewählten Ansätzen des 20. Jahrhunderts

Das abendländische Denken, zu dem wir nun zurückkehren, hat die größten Triumphe seiner Geistesgeschichte, die gewaltigsten Siege des Menschen über die Natur und das Werden dessen, was wir uns angewöhnt haben, Zivilisation/Fortschritt zu nennen, dem Verbleiben in einer besonderen Form des Dualismus zu verdanken: Dem der Trennung zwischen Geist und Materie. Die von René Descartes (1596–1650) zum absoluten Grundsatz erhobene Spaltung von denkendem Bewusstsein (res cogitans) und ausgedehnten Substanzen der Materie (res extensa) entfremdete den Menschen nicht nur von seiner eigenen Körperlichkeit, sondern auch von allem Nicht-Menschlichen. Die verheerenden erdzerstörenden Folgen dieses Reduktionismus blieben auch für die Ethik nicht spurenlos. Sie verfestigte sich im *Anthropozentrismus*, in der selbstgenügsamen Selbstbeschau des Menschen, der ethische Maximen und Begründungen nur zum Schutz seiner selbst denkt. Auch das Göttliche ist aus dieser Konzeption herausgenommen. Spiritualität begründet nicht die Ethik und Ethik geht nicht in Spiritualität auf. Der Mensch allein ist Schöpfer des Universums seiner Bezugshorizonte, und die Philosophie, welche die Liebe zur Weisheit auf Vernunftorientierung und Vernunftbegründungen begrenzt bzw. sie entsprechend verkennt, liefert die Basis der Legitimation. Der Königsberger Philosoph Immanuel Kant (1724–1804) führte solche auf dem Vernunftideal beruhende Ethik zu ihrem philosophiegeschichtlichen Höhepunkt. Die Vernunft ersetzt Gott als Bezugshorizont. Vernunft liefert allgemein gültige Normen und Letztbegründungen. Dem Vernunftwesen Mensch ist alles andere

Leben unter Nützlichkeitsgesichtspunkten zugeordnet. Als vom Menschen kommend und bei ihm verbleibend stellt die Pflichtethik Kants, die ihren Gipfelausdruck im kategorischen Imperativ findet, unbestritten einen strahlenden Punkt am Firmament der humanistischen, philosophisch-ethischen Ansätze dar. Achtung und Respekt vor der Würde des Menschen und seiner Annahme als denkendes und vernunftbestimmtes Wesen bilden die Axiome, vor denen anderes nicht bestehen kann. Und sie fundieren seine Freiheit. Doch wie gesagt: Der Mensch verbleibt bei sich als Zweck an sich.

Ausdrücklich gegen eine reine Pflichtethik wandte sich Arthur Schopenhauer (1788–1860). Seiner Ethik kann man den Namen Mitleidsethik geben. Erkenntnis und Erfahrung des Leidens anderer führen den Menschen zur Gerechtigkeit, dem Nichtverletzten, ja der Menschenliebe schlechthin. Das Mitleid als generalisierte Handlungsmaxime verbleibt jedoch nicht beim Menschen, sondern schließt – auch in den Folgen für das ethische Handeln – Tiere mit ein. „Empörende Rohheit und Barbarei" sei der Irrglaube, wir hätten keine moralischen Verpflichtungen gegenüber den Tieren. (vgl. Schopenhauer 1991, S. 595 ff.; vgl. auch Kruse 1999, S. 46 ff.)

Den Kant'schen Gedanken vom Menschen als Zweck an sich treibt Friedrich Nietzsche (1844–1900) weiter voran, wenn auch mit entscheidenden Akzentverschiebungen im Vergleich zu Immanuel Kant. Es gibt nach Nietzsche keine Vernunft, die allen Menschen zu Eigen ist, und noch weniger kann es deshalb allgemeingültige Normen und vorschreibende Konventionen des Zusammenlebens geben. Dies sind lediglich falsche Zwänge einer versklavenden Moral und ihrer auch religiösen Herleitung und Begründung. Das wahre Wesen des Menschen macht es demgegenüber aus, frei und selbstbestimmt zu dem zu werden, was keine außerhalb von ihm stehende Instanz sehen, beurteilen oder gar fordern kann. Er muss sich selbst in die

Lage versetzen, die volle Perspektivität und Verantwortung für sein Leben zu übernehmen. Entsprechend geht es darum, aus seinen Potenzialen heraus zu reifen – ohne Rückbindung an einen Gott und ohne das Getragenwerden vom Strom einer das Selbst erniedrigenden Mittelmäßigkeit.

„Was aus Liebe getan wird, geschieht immer jenseits von Gut und Böse." (Nietzsche 1990, S. 617) Dieser Satz könnte auch von Jesus stammen und wird, wie oben bereits angesprochen, sinngleich bei Augustinus mit dem „Liebe, und dann tu, was Du willst." formuliert. Nietzsches Nicht-Ethik appelliert an die höchsten Ethos-Kräfte des Menschen und ihre Befreiung. Sein philosophischer Atheismus ist die Kampfansage an eine im Letzten und Allerletzten entmündigende Religion. Wir haben es hier mit dem grandiosen Entwurf einer Freiheit zu tun, welche die Voraussetzung darstellt für eine tiefe Spiritualität. In ihr schwingt von dem göttlichen Wesen im Menschen immer schon etwas mit, das sich hier auf Erden ganz entfalten soll, im Übermenschen – jener oft so bewusst entstellten und fehlinterpretierten Denkgestalt. In „Also sprach Zarathustra" lässt Nietzsche diesen sagen:

„Seht, ich lehre Euch den Übermenschen. Der Übermensch ist der Sinn der Erde. Euer Wille sage: Der Übermensch sei der Sinn der Erde! Ich beschwöre Euch, meine Brüder, bleibt der Erde treu und glaubt denen nicht, welche Euch von überirdischen Hoffnungen reden! Giftmischer sind es, ob sie es wissen oder nicht". (Nietzsche 1990, S. 9)

Der Übermensch ist zu seinem Selbst vorgedrungen, hat im positiven Sinne zu seiner Einmaligkeit gefunden. Auch wenn er bei Nietzsche gleichfalls noch bei sich selbst verbleibt, noch im anthropozentrischen Korsett steckt, so finden wir hier doch die Grundlegung für eine integrale Seinsmöglichkeit. Sie findet zur Verwirklichung erst, wenn sie in vielen Häutungen Entwicklungsstadien abgestreift hat, die in ihrer Zeit denk- und lebensnotwendig waren, die nun aber auch einem Entwicklungssprung nicht mehr im Wege stehen dürfen.

3.1 Ehrfurcht vor dem Leben

Die mystische Ethik des Albert Schweitzer

Dass nicht das von wo und wem auch immer Vorgegebene den Weg des Menschen in seiner Entwicklung prägen soll, sondern Denken, Wille und Erkennen – in dieser Grundauffassung vom Auftrag des menschlichen Seins liegen Friedrich Nietzsche und Albert Schweitzer (1875–1965) sehr nahe beieinander. Vernunft erschloss sich unter dieser Vorgabe für den Philosophen, Urwaldarzt, Leben-Jesu-Forscher und begnadeten Bach-Interpreten somit auch als Zusammenfinden und Zusammenwirken von Freiheit, Wille und Erkennen. Jedes ethische Suchen und Erspüren, alle Grundlegungen des Sittlichen wurzeln und finden Klarheit neben den Liebeskräften des Herzens in ihrer Denknotwendigkeit und der kontinuierlichen Auseinandersetzung mit der Wirklichkeit. Alle ethisch wertvollen Ideen werden „...in dem Denken stets von neuem geboren..." (Schweitzer 1980, S. 185) Es ist jenes Elementardenken, das nichts anderes voraussetzt, nichts anderes übernimmt, was doch nur zur Störung und Schwächung des Eigendenkens führt. Dieses elementare Denken allein vermag sich der „Missachtung des Denkens" und der „Gedankenlosigkeit unserer Zeit" (ebd. S. 181/189) wirksam entgegenzustellen.

Für den Menschen bleibt der Sinn des Universums unerkennbar. Sinnloses und Sinnvolles greifen hier unverstanden ineinander. Wir können demzufolge zu keiner letzten Welterkenntnis vorstoßen und sollten uns vor „Weltanschauung" hüten, wenn es um eine Begründung des Ethischen geht. Vielmehr ist hier Lebensanschauung von uns gefordert. Das Leben können wir in seinen Antrieben und Impulsen erfassen. In dem Erkennen des Lebenswillens und seines universalen Charakters bestimmen wir unsere Position zur Welt. (vgl. Ecker 1990, S. 60 ff.) Der erkennbare Wille zum Leben bestimmt alles, richtet alles aus, schafft Bewusstseinsklarheit und die

Koordinaten des Ordnungsstrebens. Das Leben erfüllt keine spezifischen Zwecke, vielmehr ist es selbst der Zweck an sich und dadurch wertvoll an sich. Das Erkennen – und zwar das gelehrteste wie das kindlichste – führen zu dem Begriff, der das Lebenswerk Albert Schweitzers wie kein anderer geprägt hat, der „Ehrfurcht vor dem Leben".

„Ehrfurcht vor dem Leben, vor dem Unbegreiflichen, das uns im All entgegentritt und das ist wie wir selbst, verschieden in der äußeren Erscheinung und doch innerlich gleichen Wesens mit uns, uns furchtbar ähnlich, furchtbar verwandt, Aufhebung des Fremdseins zwischen uns und anderen Wesen." (Schweitzer 1995, S. 210)

Schweitzer identifiziert und markiert die Grundschwäche aller bisherigen Ethik, nämlich dass sie allein vom Menschen herkommend sich auf diesen nur bezog. (vgl. ebd., S. 173) Mit der Idee der Ehrfurcht vor dem Leben erweitert er diese Engführung entscheidend bis zu der Frage, wie Mensch und Welt zusammengehören. Das Erspüren des Einsseins allen Lebens, des unendlichen Willens allen Seins, macht uns ergriffen. Es weitet die Liebe auf alles Lebendige aus und damit auch die Humanitätspflicht auf alle Geschöpfe.

Ehrfurcht vor dem Leben heißt Ehrfurcht und Respekt vor dem Werden, vor der Entwicklung und vor dem Vollendungsdrang, der in allem Leben ruht. Hier nun fallen letzte Grenzen, etwa die in wertes und unwertes Leben, ja, die Wertunterschiede von Lebewesen überhaupt:

„Das Unternehmen, allgemein gültige Wertunterschiede zwischen den Lebewesen zu statuieren, läuft darauf hinaus, sie danach zu beurteilen, ob sie uns Menschen nach unserem Empfinden näher oder ferner zu stehen scheinen, was ein ganz subjektiver Maßstab ist. Wer von uns weiß, was das andere Lebewesen an sich und in dem Weltganzen für eine Bedeutung hat?... Dem wahrhaft ethischen Menschen ist alles Leben heilig..." (Schweitzer 1980, S. 193 f.)

Hier finden wir die Grundlegung einer universalen Ethik. Leben mitzuerleben und es zu erhalten zeichnet dieses Ethos aus. „Du sollst nicht töten" hat Geltung auch für unsere Mitgeschöpfe. Wesenseins ist dieser Anspruch Schweitzers mit dem östlichen Ahimsa, dem Geist des Nichtverletzens. Beide Denkweisen anerkennen zwar, dass Leben von Leben lebt und sich nur auf Kosten von Leben erhalten kann. Leben darf dann gleichwohl nur aus Notwendigkeit geschädigt oder vernichtet werden, nie aus Gedankenlosigkeit. Und über allem thront die Suche nach der Gelegenheit, „Leben beistehen zu können und Leid und Vernichtung von ihm abzuwenden." (ebd., S. 194) Von anderen Lebewesen unterscheidet den Menschen in diesem Zusammenhang, dass er das „grausige Schauspiel" der Selbstentzweiung des Lebens denkend erkennt und durchschaut und ihm die Solidarität gegenübersetzen kann – verbunden mit dem Ringen, dieser Selbstentzweiung zu entrinnen, wo immer er nur kann. (vgl. Schweitzer 1995, S. 174) Sittlichkeit bedeutet somit die Anerkennung der Heiligkeit des Daseins, von seiner höheren noch unbekannten Bestimmung überzeugt zu sein und nicht schädigend in das Dasein einzugreifen. Solche Sittlichkeit formuliert sich nicht in Geboten, sondern „wächst wie ein Strauch in großen und kleinen Trieben aus der Ehrfurcht vor dem Dasein." (Schweitzer 1985, S. 68)

In der Ethik der „Ehrfurcht vor dem Leben" findet sich Verantwortung als ins Grenzenlose erweitert. Diese Ethik einer „Hingebung an Leben" führt den empfindungsfähigen und denkbereiten Menschen in eine erschütternde Erfahrung. In allem findet er sich wieder, erblickt er sein Du. „Die Flocke, die aus dem unendlichen Raum auf Deine Hand fiel, dort glänzte, zuckte und starb – das bist Du. Überall, wo Du Leben siehst, dass bist Du!" (ebd. S. 25) Die Ehrfurcht vor dem Leben beginnt in der Ehrfurcht vor dem eigenen Dasein. Im Dasein zu bleiben, ist der erste Akt der Sittlichkeit.

Die Ethik der „Ehrfurcht vor dem Leben" gilt absolut. Vor ihr haben keine relativen Ethiken Bestand, sie erkennt keine solche an. Sie steht über den Sätzen der Propheten und über den Gesetzen. Wie ein Lichtstrahl aus der Unendlichkeit gelangt sie mit der Idee der Liebe zu uns. Sie bringt den Menschen in ein geistiges Verhältnis zum Unendlichen. Schweitzer bezeichnet sie selbst als „ethische Mystik". (1980, S. 195) Insofern kann sie nicht ohne Religion gedacht werden, nicht ohne das Sein in Gott, das ethisch bestimmte Sein in Gott. Und in ihr ruht zugleich immer das Sehnen aller tiefen Religiosität. (vgl. 1995, S. 236) Die religiöse Rückbindung schafft dem Menschen seine unverwechselbare Identität, in der Gott sich als ethischer Wille offenbart. In ihr findet er zu seiner geistig-ethischen Vollendung.

Für Albert Schweitzer wurde die „Ethik der Ehrfurcht vor dem Leben", die Einsicht, dass wir Leben sind, das leben will, inmitten von Leben, das leben will, zur „denknotwendig erkannten Ethik Jesu." (1980, S. 193) Das Sittliche ruhe demzufolge in der Liebe, und genau daran kranke die christliche Vergangenheit; dass diese Sittlichkeit nicht zu einer Macht geworden und gewachsen ist und die Menschheit noch immer so dasteht, als ob die Worte Jesu für sie nicht existierten. (vgl. 1995, S. 206)

Abstumpfung trägt die Mitschuld daran, der große Widersacher der Sittlichkeit. Die Augen zu verschließen, wenn Leiden sich zeigt; „vernünftig" zu sein, wo eigentlich eine höhere Instanz walten sollte. „Gut bleiben heißt wach bleiben!" (1995, S. 212)

In der „Ethik der Ehrfurcht vor dem Leben" gelingt Albert Schweitzer die aus dem christlichen Kulturraum herkommende Weichenstellung zu einer integralen Schöpfungsethik, die, tief spirituell verwurzelt, sich im Verhalten gegenüber dem „geringsten" Lebewesen bei jedem unserer Schritte und Taten verwirklicht und bewährt. Sein Leben selbst als Einheit von Erkennen und Handeln steht für das Möglichsein dieser Ethik, bei allen grundsätzlichen Problemen, mit denen das Nichtschädigen von Leben uns unausweichlich konfrontiert – in der unüberwindbaren Selbstentzweiung des Seins.

3.2 Schöpfungsspiritualität

Der vierfache Pfad des Matthew Fox

Auch wenn er sich nicht direkt auf ihn beruft und die Schriften zur Ethik in keinem seiner Bücher erwähnt, so führt der ehemalige Dominikanerpater Matthew Fox (geb. 1941) inhaltlich doch das Werk Schweitzers fort. Er fordert die Neugründung einer mystischen, prophetischen und kosmologischen Weltsicht, ein „radikales religiöses Erwachen", das sich „sowohl an die Psyche (Mystik) als auch an die Gesellschaft (Gerechtigkeit und Prophetie)" wendet und in dem praktiziert wird, was gepredigt wird. (Fox 1991, S. 19) Nicht mehr das Bild einer gefallenen Natur im Kontext der Sündenfall-Erlösungsspiritualität, sondern die Wiederentdeckung der Natur und der ganzen Schöpfung als unerschöpfliche Weisheitsquelle stehen im Lichtstrahl dieses Erwachens, das eigentlich eine Renaissance, eine Wiedergeburt darstellt. Denn es hat eine lange Vergangenheit, steht in alter Tradition, kann auch auf biblische Wurzeln verweisen. (vgl. Fox 1998, S. 15 f.) Vor allem aber zeigen sich Schöpfungsethik und *Schöpfungsspiritualität* als transreligiös. Sie entstammen dem großen Schatz des Menschengeschlechts an sich, in dem erwachte Christen, Buddhisten, Sufi, Hinduisten, Taoisten und Vertreter mancher sogenannter Naturreligionen sich wiederfinden und als universal verbunden erkennen können.

In Anknüpfung an die Worte Jesu beginnen Ethik und Spiritualität, die für Fox eins sind, mit der Umkehr des Herzens und der Reinheit des Herzens. (vgl. Fox 1991, S. 345; 1991a, S. 196) Sie sind wichtiger als jede äußere Gerechtigkeit bzw. gehen ihr voraus. Und sie stehen im Vorzeichen des ersten und letzten Gesetzes des Seins – nämlich dass alles jederzeit im Fließen und im Werden ist, es keinen Stillstand gibt und es zu unserem Auftrag als Menschen gehört, in unserer Zeit den uns jeweils möglichen Beitrag für das Wohl des

Ganzen zu leisten. Wachheit bestimmt eine Existenz, die diesen Auftrag annimmt. Sie lebt in dem Bewusstsein, dass der Einbruch des Göttlichen in das Menschliche, dass die unmittelbare Gotteserfahrung jeder Zeit alle früheren Meinungen und Urteile und Wertigkeiten umstürzen kann.

Vier Pfade der Schöpfungsspiritualität nennt Fox, vier Pfade, die als geistiger Weg den überfälligen Paradigmawechsel einläuten können.

Auf der Via Positiva stellen wir uns der Ehrfurcht und dem Staunen gegenüber dem Wunder des Seins und aller Wesenheiten, die der Schöpfungsprozess hervorgebracht hat und weiter hervorbringt.

Auf der Via Negativa begegnen wir der Dunkelheit und dem Leid, der Stille und der Leere, und wir üben uns im Loslassen, im Aushalten und im Seinlassen.

Auf der Via Creativa setzen wir unsere Phantasie und die schöpferischen Kräfte in uns frei. Als Mitschaffende mit Gott leisten wir unseren Beitrag zum Gebären einer neuen Wirklichkeit.

Auf der Via Transformativa bewegen wir uns auf das umfassende Mitgefühl zu. Hier geschieht Erlösung vom Leiden durch den Kampf gegen das Unrecht und für Gerechtigkeit. Hier feiern wird das Leben als Fest, integrieren all unsere Gaben. Hier hat vor allem auch Kunst ihren Platz. (vgl. Fox 1993, S. 32–42)

Mindestens dreimal täglich sollten wir uns nach Fox verlieben – in Blumen des unendlichen Straußes, den die Schöpfung auffächert (Via Positiva), und wir müssen uns auf der Via Negativa in das Dunkle wagen. Hier warten die wohl größten Herausforderungen, denn dieses hat viel mit Loslassen zu tun, mit der Preisgabe des Ich und der Weigerung, das Ich zu Gunsten einer tiefen und transzendenten Erfahrung aufzugeben. Die Via Negativa will uns zur Freiheit durch Überwindung jeglicher Abhängigkeiten und Zwänge führen; sie will, dass wir den anderen lassen, wie er ist, und ihn nicht zur Zielscheibe unserer Projektion degradieren. Sie ermutigt, den

Schmerz zuzulassen und zu erkennen, damit Heilung sich ereignen kann, und sie fordert uns auf, unser Dunkel hell zu durchleuchten und anzunehmen. Wenn wir uns selbst vergeben, können wir auch anderen wahrhaft verzeihen. Und ohne Verzeihen geschieht keine Erlösung, im Verzeihen liegt der Gipfelpunkt des Loslassens. (vgl. 1991a, S. 182–187) Die Einübung der Stille begleitet den Suchenden auf der Via Negativa; empfindsam werden, hören lernen und zur Empfänglichkeit finden im Heimatraum der Kontemplation.

Auf der Via Creativa treffen wir die Schönheit, die sich in allem Sein offenbart. Schönheit heilt, sie erlöst und vereint uns mit ihrem Ursprung. Schönheit als „Ewigkeit hier unten" (Simone Weil) begleitet uns in die Harmonie des Seins; aus ihr erst entsteht wahres Mitgefühl, Fürsorge, Leidenschaft, Freiheit und Beziehungsfähigkeit. Schönheit ist dabei kein äußerliches Attribut, sondern offenbart sich durch die Gabe, Wirklichkeit als Liebender zu sehen.

Das allgegenwärtige Licht der Schönheit auf der Via Creativa stellt den Menschen in eine neue Beziehung auch zur Sexualität. Als schöpferische Kraft in der Suche nach Schönheit in Begegnung versöhnt sie sich mit dem Ethos, wird sie als Teil und Bedingung unserer Integrationsfähigkeit erkannt. In ihr entäußern sich Hingabe und Verbindlichkeit. Wahre Sexualität, die mehr als Triebverlangen ist, öffnet einen mystischen Erfahrungsraum, in dem schon jetzt das Einssein sich ereignet, aus dem das ganze Werden wurde und zu dem es wieder strebt.

„Im Ausdruck Mit-Schöpfung steckt eine Gegenseitigkeit. Die Gottheit und wir sind miteinander Schaffende, gleichermaßen verantwortlich... für das Überleben von Mutter Erde und für alle Persönlichkeitstypen, Beziehungen, Lebensstile, politische und wirtschaftliche Systeme, die wir hervorbringen. Ein Mitschöpfer ist jemand, der oder die das Mystische selbst gebiert oder zulässt, dass es geboren wird." (Fox 1991, S. 290)

Es ist das herausragende Kennzeichen der Schöpfungsethik von Matthew Fox, dass sie den Menschen als gestaltenden Teil der kosmischen Ordnung sieht und ihn entsprechend in die Verantwortung nimmt. Es ist die Verantwortung, die neue Ordnung, welche die alten Werte in Frage stellt, schon heute hervorzubringen. Aus diesem Auftrag und aus dieser Verantwortung gibt es kein Sich-Herausreden. Zwar sind wir „tierisch und dämonisch", aber eben auch „göttlich und menschlich". (ebd., S. 206) Fox nennt die uns zu diesem Sein und Werden führende Kraft den kosmischen Christus. „Überall, wo für Gerechtigkeit gekämpft wird und wo sie siegt, wo Heilung stattfindet und weitergegeben wird, wo Mitgefühl siegt, heilt, befreit und erlöst der kosmische Christus." (ebd., S. 228)

Fox hat tiefe christliche Wurzeln. Die Mystik eines Meister Eckehart und einer Hildegard von Bingen prägen sein Denken. Als Mann der Mystik überwindet er aber zugleich jegliche religiösen Engführungen. Stößt man bei Albert Schweitzer – im Widerspruch zur Weite seiner Ethik – noch auf zum Teil schroffe Abgrenzungen gegenüber anderen, vor allem östlichen Religionen, so geht Fox, ohne sein christliches Fundament zu verlassen, überzeugend den integrativen Weg. Dieser Weg lebt von der Offenheit gegenüber dem Gemeinsamen, vom Nachspüren nach dem Ursprungsimpuls, aus dem wir alle kommen und aus dem alle Sonderwege sich gebildet haben.

3.3 Integrales Denken

Das Ethos der Entwicklungsfähigkeit von Ken Wilber

In Ken Wilber begegnet uns der vielleicht bedeutendste lebende Philosoph, was die integrative Verknüpfung von Evolution, Ethos und Spiritualität betrifft.

Das Sein des Menschen als Entwicklung und Aufstieg beginnt für ihn mit der großen Umkehr, die uns, mythisch verkleidet, im „Sündenfall" gegenübertritt. Hier liegt der Ausgangspunkt des Erwachens, des selbstbewussten Wissens und Erkennens. Kein Fall aus dem spirituellen Himmel war dieses Erwachen, sondern eine Aufwärtsbewegung weg von der Erde, „eine Bewegung in der Erkenntnis, dass der Mensch (...) bereits gefallen war oder sich anscheinend von der Quelle und dem Geist getrennt hatte." (Wilber 1984, S. 335) Mit dem „Sündenfall" ging eine Menschheitsepoche zu Ende, wo wir das Leben verschliefen wie die Lilien auf dem Felde, nicht in zeitloser Ewigkeit, sondern in Naivität. Selbstbewusstsein und mentale Reflexion folgten. (vgl. ebd. S. 340 f.) Die Menschen wurden nicht aus einem Paradies vertrieben, sie gingen freiwillig, mit erhobenem Haupt. Die Kinder, im Begriff erwachsen zu werden, verlassen das beschützende und grenzende Elternhaus. Erstmals überschreiten sie eine Grenze bewusst – zwischen Geborgenheit und Risiko, Unschuld und Verlangen, Ohnmacht und Freiheit. Sie entsklaven sich und werden dadurch überhaupt erst fähig, langsam den Horizont des Ganzen zu erahnen und sich dem höchsten Ganzen neu anzunähern. Allerdings bewegt die Menschheit sich in diesem Prozess auf unterschiedlichen Entwicklungsniveaus und historisch/kulturell bedingten Bewusstseins- und Erkenntnisgrenzen. In zwei Haupt-Menschheitstypen werden die kulturellen Entwicklungsphasen deutlich. Wilber nennt sie die Aufsteiger und die Absteiger. Aufsteiger sind asketisch, repressiv und puritanisch; sie opfern gerne das Diesseits einer Vorstellung vom Jenseits; Absteiger suchen in der Endlichkeit der Zeit den unendlichen Wert, wollen dem Diesseits etwas entlocken, was es nicht geben kann, die Erlösung. „Aufsteiger verneinen die Schöpfung, Absteiger sehen nichts anderes als diese Schöpfung: Das sind die beiden Hauptformen gebrochener Fußnoten (zu Platon; C. E.), die im Westen seit 2000 Jahren umgehen und mit denen der Westen (aber nicht nur der Westen) seine Initialen so roh und so tief ins unschuldige Angesicht von Himmel und Erde geschnitten hat." (Wilber 1996, S. 393)

In dieser Art des Aufstiegs werden Kräfte freigesetzt, die Ken Wilber Phobos nennt. Das ist die Suche nach Transzendenz ohne Umfangen; darin zeigt sich ein entrückter Eros ohne die Zuwendung der Liebe, Agape. Um des fernen Ideals eines gelobten Landes willen sind Aufsteiger bereit, das hiesige zu vernachlässigen, ja zu zerstören, sind gewaltbereit mit verklärtem Blick zu den Sternen.

Im Abstieg begegnen wir auf der Flucht vor dem Höheren Thanatos, der das Niedere umfängt und einswerden möchte mit ihm. Thanatos bleibt an das Niedere gefesselt. Ihm entspringt der Entwicklungsstillstand und – wie die Alten sagen würden – die Acedia. Auch diese Liebe, die diesseits verhaftete ohne Aufstiegsimpuls, atmet den Tod. Sie tötet das Höhere im Namen des bloßen Mitgefühls, das nicht über den Tag und die Zeit hinaus zu sehen vermag. „Die Absteiger zerstören diese Welt, weil es die einzige Welt ist, die sie haben." (ebd. S. 416)

In der Gegenwart treffen wir Phobos und Thanatos, so Ken Wilber, gelegentlich als Ego und Öko. Das Ego verabsolutiert die Geistes-, die Noosphäre, es scheitert an der Frage, wie es sich selbst und die Biosphäre in einer höheren Synthese integrieren soll und kann. Das Öko verabsolutiert demgegenüber die Biosphäre und ist unfähig, Ursachen der verhängnisvollen Entwicklungen im geistigen Raum zu sehen und zu erkennen und entsprechend dort nach der Formulierung gemeinsamer Ziele zu suchen.

„Die ursächlichen und wirklich bedrohlichen Probleme der Erde sind nicht Umweltverschmutzung, Industrialisierung, Überbewirtschaftung, Bodenverseuchung , Überbevölkerung, Ozonabbau und dergleichen mehr; all das ist nur allzu sichtbar für den, der es sehen will. Nein, Gaias Hauptproblem liegt im Mangel an Verständigung und Übereinstimmung in der Noosphäre." (ebd., S. 594 ff.)

Im Gegensatz etwa zu Albert Schweitzer stellt Wilber deutlich die Notwendigkeit heraus, Wertigkeiten und Unterschiedlichkeiten in den Wesenheiten des Seins anzuerkennen. Jede Bio-Egalität verhindere ansonsten pragmatische Entwicklungsschritte – vor allem auch den wichtigsten, etwas an unserer anthropozentrischen Haltung zu ändern. Jedes Ethos, und nur das verdient diesen Namen, das geistig durchdrungen ist, muss im Kern seines Wesens die Vieldimensionalität des Seins und der Wirklichkeit angemessen integrieren, wenn es heilende Folgen und Entwicklungskonsequenzen haben will. Nur dann leisten wir auch unseren Beitrag, die göttliche Energie, den unaufhörlichen Strom schöpferischen Wirkens bis in die untersten Randbereiche des Seins vordringen zu lassen.

Das Höhere, nach dem wir streben, findet sich, so Wilber, nur auf dem Weg über das Innere. Vorausgesetzt, wir bleiben nicht, wie die Aufklärung, in der Innerlichkeit gefangen, sondern bewegen uns auf die Einbindung des Ich in den holistischen Kosmos, der immer auch ein „Darüber-Hinaus" ist, zu.

3.4 Der Wert des Lebens in sich selbst

Die tiefenökologische Bewegung

Das holistische Denken und die Einbettung des Menschen als Holon/Ganzheit in die Ganzheit des Kosmos, das für Wilbers Denken so prägend ist, hat einen starken Ausdruck in der sogenannten Tiefenökologie gefunden. Sie geht maßgeblich auf den norwegischen Philosophen und Umweltschützer Arne Naess zurück. 1970 kreierte er den Begriff „deep ecology" und wies darauf hin, dass die gängigen Umweltschutzmaßnahmen nicht ausreichen, um bis zu den Wurzeln des Problems der ökologischen Krise zu gelangen. Ohne ein neues Verständnis der Erde und des Kosmos und der Rolle von uns Menschen als Teil und Ausdruck des Ganzen verbleibt alles Bemühen an der Oberfläche. Kein ethisches Bemühen und keine moralische Anstrengung reichen hin, die Erde zu heilen, solange der Mensch nicht lernt, im Namen eines größeren Selbst, der Erde, zu handeln. Die Tiefenökologie versteht sich ganzheitlich, und entsprechend breit ist das Spektrum der Ansätze und Bewegungen, die sich in ihr zusammenfinden. Westliche Philosophie und östliches Denken haben sie genauso geprägt wie verschiedene religiöse/spirituelle Traditionen. Buddhistische Einflüsse nehmen eine Sonderstellung ein – vor allem durch die im Buddhismus so tief verwurzelten Prinzipien der Achtsamkeit, des Nicht-Verletzens und der Ehrfurcht vor dem Leben. (vgl. Naess 1997, S. 203 ff.)

In der Tiefenökologie geschieht die Versöhnung von Spiritualität, Ethik und Politik. Die Ethik kann hier durchaus als eine individuelle gesehen werden, in Verbindung mit der umfassenden, am Einzelnen festzumachenden Verantwortung; doch das Individuum stellt in diesem Denken kein vereinzeltes Wesen dar, sondern sieht sich in seinem ökologischen Selbst als Teil des Ganzen. Von Mutter Erde selbst sollen die Menschen lernen, um die Bedürfnisse der Orte und Lebewesen zu erspüren. Und die spirituelle Beziehung zur ganzen Schöpfung führt sie dazu, die Regungen der Seele, die in allem wohnt, wahrzunehmen. Das Verständnis von „Leben" ist in der Tiefenökologie umfassend. Es bezieht die Landschaften, Gewässer, alle Ökosysteme und auch die Elemente mit ein. Die Vielfalt und Verschiedenheit dieser Lebensformen haben einen unantastbaren Wert in sich selbst. „Dieser Wert ist unabhängig von der Nützlichkeit der nichtmenschlichen Welt für menschliche Zwecke." (ebd. S. 188) Gleichzeitig tut der Mensch in allem, was er für anderes Leben tut, etwas für sich selbst, steht er in der wechselseitigen Verbundenheit allen Seins.

Die buddhistische Prägung der Tiefenökologie zeigt sich neben dem Grundethos vor allem in der Stellung des Menschen. Er hat eine grundlegende Autorität, aus der heraus er sich selbst ernst nehmen kann, ohne sich auf eine außerhalb von ihm stehende Macht (Gott) verlassen zu müssen. Die Autorität von mehr als vier Milliarden Jahren planetarischer Evolution steht ihm dabei zur Seite. Sie sollte ihn über jegliche Selbstzweifel erhaben machen. (vgl. Miller 1994, S. 253)

Joanna Macy, eine der tragenden Persönlichkeiten der tiefenökolo-
gischen Bewegung, sieht in diesem Aufbruch die Geburtsstunde
einer neuen Sicht von Welt, den Beginn der „großen Wende".

„Wir haben für dieses ‚Neue' noch keinen Namen, aber ich glaube, dass sich der vereinheitlichte Kern aller Religionen im dritten
Jahrtausend daraus zusammensetzen wird. Ein neues Verständnis
von „Heiligkeit" wird im Mittelpunkt stehen, egal, ob wir dieses
Wort dafür benutzen werden oder nicht." (Macy 1997, S. 13)

Zweifellos stellt die Tiefenökologie den vielleicht grundlegends-
ten gegenwärtigen Impuls dar, das anthropozentrische Menschenbild zu überwinden. Allerdings droht diesem Ansatz die spirituelle
Tiefe verloren zu gehen, wenn eine zu weit gehende Identifikation
mit den erdgebundenen Kräften stattfindet, dem Sich–Einsfühlen
mit dem Leid der Erde.

3.5 Das Projekt „Weltethos"

Planetarische Verantwortung statt purer Nützlichkeits- oder Gesin-
nungsethik – darum geht es auch dem Anliegen des Weltethos, das
maßgeblich mit dem Namen des Tübinger Theologen Hans Küng
verbunden ist. „Die ungeteilte Welt braucht zunehmend das ungeteilte Ethos! Die postmoderne Menschheit braucht gemeinsame Werte,
Ziele, Ideale, Visionen." (Küng 1990, S. 57)

Die Weltgesellschaft muss die Verantwortung für ihre eigene Zu-
kunft übernehmen – für die Mitwelt, die Umwelt und die Nachwelt.
Voraussetzung dafür ist die Zusammenarbeit der Verantwortlichen
der verschiedenen Weltregionen, Weltideologien und Weltreligionen.
Eine Art Grundethos für diesen Weg formulierte bereits 1970 die
„Weltkonferenz der Religionen für den Frieden" im japanischen
Kyoto.

„Wir fanden, dass wir gemeinsam besitzen:
- eine Überzeugung von der fundamentalen Einheit der menschlichen Familie, von der Gleichheit und Würde aller Menschen;
- ein Gefühl für die Unantastbarkeit des Einzelnen und seines Gewissens;
- ein Gefühl für den Wert der menschlichen Gemeinschaft;
- eine Erkenntnis, dass Macht nicht gleich Recht ist, dass menschliche Macht nicht sich selbst genügen kann und nicht absolut ist;
- der Glaube, dass Liebe, Mitleid, Selbstlosigkeit und die Kraft des Geistes und der inneren Wahrhaftigkeit letztlich größere Macht haben als Hass, Feindschaft und Eigeninteressen;
- ein Gefühl der Verpflichtung, an der Seite der Armen und Bedrückten zu stehen gegen die Reichen und die Bedrücker;
- tiefe Hoffnung, dass letztlich der gute Wille siegen wird."
(ebd., S. 89f.)

Küng geht es um keine neue Einheitsreligion, sondern um Transformation, religiöse Verständigung und Zusammenarbeit, Besinnung auf das Gemeinsame und Umsetzung in tätige Praxis. Dazu bedarf es zunächst eines Dialogs der Kulturen auf allen Ebenen der menschlichen Existenz; in Politik, Wirtschaft, Wissenschaft, den religiösen Institutionen und vor allem den Alltagsbereichen des Menschen in den verschiedenen religiösen Lebenswelten.

Das Projekt Weltethos stellt einen bedeutenden Zwischenschritt dar – auf dem mühsamen Weg hin zu einem globalen Bewusstsein. Seine positive Bedeutung liegt in der Herausstellung des uns über die Religionen und Kulturen hinweg als Gattung Verbindendes und in der Besinnung darauf. Gleichwohl bleibt es in dem, was erforderlich ist „nur" ein Zwischenschritt. Die Begrenzung liegt in der Absolutsetzung des Menschen. „Er muss letzter Zweck, muss immer Ziel und Kriterium bleiben." (ebd. S. 54)

Zweiter Teil

Interbeing – Die wechselseitige Verbundenheit allen Seins

Das 20. Jahrhundert war hinsichtlich der Bedeutung des Menschen im Prozess des Seins und Wandels unserer Erde enthüllend. Gnadenlos und unerbittlich hat unsere Gattung sich ihr Selbstzerstörungspotential vor Augen geführt und dem Leben auf dieser Erde tiefe Wunden geschlagen. Viele Einschnitte und Verletzungen sind unumkehrbar und nicht heilbar. Zigtausend Arten fielen unserer Entwicklung, Vermehrung und Ausbreitung zum Opfer. Wir haben uns von dem kosmischen Vorgang, den wir Leben nennen, extrem entfremdet. Aber wir haben diese Entfremdung mit all ihren Folgen auch erkannt. Und wir haben begonnen, Pfade zu suchen und zu betreten, die vielleicht an den zahlreichen Sackgassen vorbeiführen, in die Teile von uns immer wieder rennen bzw. in die sie mit hineingezogen werden.

Wir – das meint das Menschengeschlecht, das im selbstverliebten Blick auf die eigene Wesenheit seine Teilhaftigkeit am Ganzen, die wechselseitige Verbundenheit allen Seins, nicht mehr wahrnimmt, würdigt und achtet. Der buddhistische Mönch Thich Nhat Hanh benennt diese Verbundenheit mit dem Wort „Interbeing" (1991). Fehlt das Bewusstsein dafür und wähnt der Mensch sich über seine Um- und Mitwelt erhaben, muss er schmerzhaft lernen, dass jeder Schlag in das Netzwerk des Lebens auch ein Schlag ins eigene Gesicht ist.

Das gigantische Niveau kultureller und hier insbesondere technologischer Errungenschaften hat in Verbindung mit der Dynamik soziokultureller und politischer Prozesse die alten Gravitationsfelder an Bedeutungen und Bindungen weitgehend entkräftet, ja teilweise aufgehoben. Schlüsselfragen des Seins stellen sich neu und mit ihnen Anforderungen an Ethik und Spiritualität. Nüchtern sollten wir dies bei allem Leid und allen Irritationen zur Kenntnis nehmen. Es gehört zum Werden und Wachsen, zum Reifen und zum Sichvollenden. Achtsamkeit, Ehrfurcht und Würde fallen uns nicht zu. Sie wollen ersehnt, erlitten und erkämpft sein; beharrlich, kontinuierlich, vertrauend und lernbereit. Sie wollen aber auch ersungen, ertanzt, erliebt und meditiert sein. Keine neue Schönheit entsteht, ohne Freude und Zuneigung.

4 Sein und Werden

4.1 Die Freiheit des Lassens

Wir sind zur Freiheit befreit. Das bleibt als Vermächtnis der alten Religionen. Wir leben ständig und unausweichlich in Entscheidungen, sind in ihnen aber frei; wir sind zur Entscheidung in Freiheit Gezwungene. Welche Entscheidung und wohin? Und wie weit reicht die Freiheit? Die (scholastische) Theologie lehrt bis in unsere Tage, dass die Freiheit als Willensfreiheit uns dahin führt, etwas zu tun oder zu lassen. Das sei der Sinn aller Gebote und Verbote. Ohne freien Willen gebe es keinen Verdienst und keine Sünde, keine gerechte Strafe und keinen gerechten Lohn. Das beinhaltet also die Freiheit in Richtung sowohl auf das Gute als auch auf das Böse. Dieses – menschheitsgeschichtlich betrachtet – pubertäre Freiheitsverständnis, kann einer sich am Wendepunkt ihrer Entwicklung befindenden Menschheit nicht länger als Selbstverständnis dienen. Die Freiheit, in der wir sind und in der wir uns als Leben entfalten, hat nur Wert im Hinblick auf Optionen, welche die Freiheit nicht selbst gefährden oder aufheben durch Gefährdung der Seins-Möglichkeiten schlechthin. Freiheit also, wie das Leben überhaupt, kann nicht statisch gesehen werden. Sie darf in ihrer Ausrichtung nicht als ein einmal (von Gott) gegebener Zustand verstanden werden. Sie ist nicht, wir haben sie nicht, sie wird. Und sie wandelt sich, eingebunden in den Wandel und die Entwicklung unseres menschlichen Selbst. Mit unserem Wachstum veredeln sich auch die Anforderungen an sie; und es differenziert sich und veredelt sich zugleich die innere Instanz für das freiheitliche Handel – das Gewissen. Die Erkenntnis des dem Leben und seinen Erfordernissen Zugewandten wächst mit den individuellen und den kollektiven Entscheidungen für diese Erfordernisse. Dieses Freiheitsverständnis hält demnach bestimmte Optionen nicht mehr zur Verfügung, ja, der Verzicht auf sie erst macht im eigentlichen Sinne frei.

Freiheit kann nicht wachsen, ohne dass eine Person Abhängigkeitshaltungen erkennt und überwindet. Abhängigkeitshaltungen entstehen gegenüber Dingen, Gütern, äußeren Werten und Strukturen, die gleichsam ein Eigenleben führen und „Pflege" sowie „Zuneigung" abfordern. In Abhängigkeitshaltungen führen Zeitgeistströmungen, Moden, öffentliche Meinungen, Moral und Gewohnheiten. Aber auch Schulen – und damit Engführungen – der Weisheit und des Wissens sind dafür mitverantwortlich. Abhängigkeitshaltungen entwickeln wir schließlich gegenüber Personen, wenn Beziehungen, auf allen Ebenen, von Projektionen, Erwartungen, Anhaften oder Abstoßung und nicht vom *Sein*lassen geprägt sind. Den anderen *sein* lassen allerdings kann nur der, der sich selber auch immer wieder lässt –*sein* lässt, *werden* lässt; der den Respekt gegenüber dem eigenen Selbst aus dem Respekt gegenüber dem anderen zieht, und vice versa. Die Freiheit des Lassens schafft Freiheitsraum. Sie lässt Optionen hinter sich und öffnet neue. Sie hält Seele und Bewusstsein entwicklungs- und ganzheitsfähig – Seele und Bewusstsein, die doch Quelle und Strom der Freiheit sind.

Das Ringen des Menschen um Freiheit in der Entwicklung ist das Ringen darum, sich durchlässig zu halten für das Feld des Vollkommenen, das Feld der überzeitlichen Ordnung, das jenseits menschlicher Konstruktionen und Projektionen liegt und das sich aus sich selbst heraus mitteilt. In dieser Freiheit halten wir uns in Kontakt mit einem fließenden Universum, das sich durch unser Bewusstsein selbst erkennt.

4.2 Die Freiheit und das Böse

Wir können nicht von der Freiheit sprechen, ohne dass das Böse ins Spiel kommt. Denn es gehört zur Existenz, gleichsam als Probe auf die Freiheit. Als vorhandene Möglichkeit schwingt es im sich seiner selbst bewussten Leben immer mit. Es drückt das Verhältnis zur Wahlfreiheit aus, zur Entscheidungsmöglichkeit. Das Böse wird zum Bösen erst durch die Entscheidung. Zwischen dem „in das Böse geraten" und „das Böse bewusst tun" liegt eine quantitative und qualitative Distanz. Ihr Bewertungsmaßstab ergibt sich aus dem Entwicklungsstand und der Verfasstheit des menschlichen Bewusstseins. Jedoch: Im Erkennen und Empfinden von Gut und Böse und dem dann böse Handeln liegt ein Verrat am Menschengeschlecht und seinem Entwicklungsauftrag. Selbstredend gilt Gleiches für das Nicht-Handeln im Hinblick auf das erkannte Gute.

Das im Urteil des Menschen erkannte Böse ist als metaphysische Seins-Wirklichkeit immer präsent. Und seine Entfaltungsmöglichkeiten steigen mit der fehlenden Bereitschaft, sich selbst zu bestimmen, in selbstverschuldeter Unmündigkeit zu verharren, Anforderungen auszuweichen – in Leidenschaft oder Trägheit. (Vgl. Eurich 2006, S. 23 ff.) Aus der eins gewordenen, aus der in sich und in dem Strom des Lebens und Vergehens ruhenden Seele kann nicht böses Handeln folgen. Denn das, was wir das Böse nennen, zeichnet sich durch sein Gespaltensein, seine unversöhnte Polarität und die Absolutsetzung des Partiellen aus.

Die Gegenwart hält uns darüber hinaus in einer neuen Qualität und Äußerungsweise des Bösen. Es entstand und entwickelte sich durch Herausreißen und „Kultivieren" von Partialkräften aus dem Kontext der Ganzheit. Kräfte wurden freigesetzt, die nicht mehr zu beherrschen und zu integrieren sind. Ursprungskräfte, wie atomare, wie manche chemischen und manche gentechnischen Prozesse, wandeln sich zu verselbständigten Gewalten mit eigenen Gesetzmäßigkeiten. Aus dem Gleichgewicht herausgetrennt, schaffen sie kaum vorhersehbare Instabilitäten, die vom Menschen ausgehen und sich letztendlich gegen ihn im Besonderen, aber auch andere Lebensformen richten. Solche Gewalten entstehen nicht nur durch entfesselte Naturkräfte, sondern auch durch Macht auf allen Ebenen – politisch, ökonomisch, geistig. Jeder von uns trägt entsprechende Orientierungen als Option in sich, und doch weisen sie über den einzelnen Menschen hinaus. Die in Generationen angehäuften und untereinander verbundenen Einzelhandlungen stellen gleichsam eine übergeordnete Qualität der Gesamtverfassung einer Kultur her. Sie wirken wesentlich einschränkend auf die Entscheidungs- und Handlungsmöglichkeiten einer Person und erzeugen nicht selten Ohnmachtsgefühle. Das Böse hat sich gleichsam systemisch strukturell verfestigt. Es bedarf außerordentlicher individueller und kollektiver Bewusstseins- und Entscheidungsprozesse auf allen Systemebenen, um der Potentialität des Menschen hin zum Feld der Vollkommenheit die notwendigen Freiheitsspielräume immer wieder zu öffnen. Dieses Feld der Vollkommenheit – und das wird oft, vor allem auch in religiösen Traditionen verkannt – ist keine Illusion. Es ist wirklich und möglich ja schon allein dadurch, dass wir es denken können; genau wie der vollendete Mensch keinen bloßen Mythos darstellt, sondern seine Inkarnation unter anderem in Jesus fand.

4.3 Entwicklung ist Auftrag und Sinn des Seins

„Leben ist Wandlung
wir neigen zur Verwurzelung
suchen äußere Geborgenheit
streben nach Sicherheit.

Leben ist Wandlung
es lässt uns wachsen
zur Geborgenheit in uns
und Befreiung von uns.

Leben ist Wandlung
getragen vom Fluss des Lebens

lernen wir „Ja-sagen"
zu Abschied und Anfang."
(Schwarze 1999, S. 43)

Das Böse zu überwinden heißt, sich unserer Entwicklungsfähigkeit und unserer Potentialität zu stellen und ihr in Freiheit zu begegnen. Wir stellen uns damit dem Sinn des Seins und des ganzen Universums schlechthin. Wenig haben wir bisher von diesem Sinn
verstanden, doch was wir erkennen konnten, deutet auf Entwicklung, Wandel und Prozess als Grundgesetz des Seins und Grundanforderung an das bewusste Leben hin. Das, was wir Evolution
nennen, enthält seine Impulse und seine Dynamik aus dem Grund-
strom, der zur Höherentwicklung hin zunächst zum Leben und
schließlich des Lebens selbst führt. Ein Endzweck und ein End-
zustand lässt sich nicht benennen, und es ist auch nicht erforderlich.
Denn beides entsteht als Ziel und mögliche Seinsform erst im Werden selbst.

Die Welt ist unsere Schule, in der wir lernen und aus einem unendlichen Repertoire schöpfen können. Sie ermutigt uns weiterzugehen,
erwachsen zu werden, Unmündigkeit abzustreifen und dem gewalti-
gen Konzert der Schöpfungsklänge eine weitere kleine Stimme, ein
weiteres zartes Instrument hinzuzufügen. Es gibt keine ernsthafte
Alternative zu dieser Einsicht und diesem Schritt, der die Aufbietung
unserer schönsten Kräfte erfordert. Das bewusste Leben ist ein Ge-
schenk. Es anzunehmen, heißt, sich ihm in der Lebensführung als
würdig zu erweisen. Würdig erweisen, das meint, sich der Arbeit an
der eigenen Entwicklung zu stellen und den Zusammenhang zum
Ganzen des Lebens dabei mitzusehen – Scheitern inbegriffen – und
wieder neu zu beginnen selbstredend auch.

Das Leben ist aber auch unsere Brücke, hinter der sich der transzendente Raum erstreckt. Die Brücke markiert den jederzeitigen
Übergang in das Feld des Göttlichen und des Geistigen. Sie stellt den
überindividuellen und überzeitlichen Lebens- und Sinnzusammen-
hang unserer Existenz her.

Vor diesen Hintergründen nun lässt sich die Frage nach Gut und Böse neu stellen. Gut ist, was das Werden, die Entwicklung und Entfaltung fördert. Böse ist, was dem sich widersetzt und es blockiert.

Martin Buber: „...das menschlich Rechte ist ja der Dienst des Einzelnen, der die mit ihm schöpferisch gemeinte rechte Einzigkeit verwirklicht. Die Entscheidung, die Richtung anzunehmen, bedeutet somit: Die Richtung auf den Punkt des Seins nehmen, an dem ich, den Entwurf, der ich bin, an meinem Teil ausführend, dem meiner harrenden Gottesgeheimnis meiner erschaffenen Einzigkeit begegne.... Ohne das Einschlagen und Einhalten der einen Richtung... gibt es für den Menschen wohl, was er das Leben nennt, ... Existenz gibt es für ihn ohne sie nicht." (Buber 1986, S. 74 f.)

Diese „erschaffene Einzigkeit", die Buber anspricht, stellt uns als mit allem Leben Verbundene in die grenzenlose Weite des Erschaffenen überhaupt. Hier sind wir frei, und wenn etwas unsere Entwicklung und Entfaltung behindert, dann jene Sicht- und Verhaltensweisen, die uns zu Sklaven unserer objektiven und unserer selbstverantworteten bzw. konstruierten Grenzen machen. Sehe ich mich als Teil des höchsten Ganzen, nehmen mir auch die Grenzen, in denen ich lebe und leben muss, nichts von meiner kosmischen Freiheit und damit Entwicklungsfähigkeit. Sein zu wollen, was wir an sich sind, heißt Befreiung aus Eingrenzung, aus der Acedia, aus der Verzweiflung der Schwachheit. (Vgl. Pieper 1935, S. 57 ff.)

Vieles im Leben eines Menschen besteht aus oft unhinterfragten Routinen und Gewohnheiten. Nicht selten führen sie in eine Spirale, in der wir uns selbst immer ähnlicher werden, uns immer mehr dem angleichen, was wir uns an Rahmen selbst gezimmert haben. Dieser schleichende Selbstmord lässt verharren und verhärtet. Er raubt Zukunft durch Entzug von ihren Möglichkeiten. In der Aufgabe von Selbstwiederholungen, Selbstangleichungen und sich selbst bestätigenden Routinen, Ritualen, Einsichten und Urteilen liegt somit der erste und bedeutende Schritt zum Werden in Verwandlung und Entwicklung. (Vgl. Steffensky 1984, S. 113 ff.) Zu diesem Schritt gehört die teilweise Überwindung unserer eigenen Geschichte mit hinzu – auch wenn wir in der Geschichte unserer Beziehungen und Bezüge, unserer Möglichkeiten und Behinderungen eingebunden bleiben. Aber ich bin nicht in erster Linie, was ich war und woher ich komme, sondern was ich zu werden im Begriff bin und wohin die Sehnsucht mich zieht. Ich bin der, der auf dem Weg ist, auf dem Weg zwischen Schon-Jetzt und Noch- Nicht.

Vom Wegfall der alten Gravitationsfelder an Bedeutungen und Bindungen in der Gegenwart sprachen wir zu Beginn dieses Abschnitts. Unter dem Vorzeichen des Entwicklungserfordernisses unserer Personalität und unserer Gattung insgesamt können wir diesem Verlust nun durchaus etwas Positives abgewinnen. Denn er macht vieles möglich, öffnet neue Entwicklungsräume, schafft Spielräume, die Generationen lang verstellt und zunormiert waren. Das „Spiel" der Entdeckungsreise zu unserem Möglichsein allerdings hat auch begonnen, riskanter zu werden.

5 Einssein – das Leben ist unteilbar

5.1 Die Transzendenz der Liebe

Das Universum und sein Sinn; Makrokosmos und Mikrokosmos, die sich ständig neu schaffen; Natur und Geist, Materie und Bewusstsein – bei aller fortschreitenden Erkenntnis bleibt das Geheimnishafte, bleibt der Zauber des im letzten Unergründlichen. Wie soll das Begrenzte auch das Unbegrenzte je ganz fassen?

Im Staunen, im Ergriffensein und in der Haltung der Ehrfurcht werden wir diesem Geheimnis gerecht, ohne in der Suche nach Antworten innehalten zu können. Was uns immer weiter suchen lässt, ist der zur Entwicklung drängende Wille selbst, aus dem alles Leben hervorgeht und sich formt. In der Ehrfurcht vor dem Werdens- und Entwicklungsimpuls des Seins schlechthin erkennen wir seinen alles überstrahlenden Wert. Die unbedingte Bejahung des Seins zeigt sich in Staunen, Ergriffensein und Ehrfurcht. Sie überwindet den Wertungsdrang und Klassifizierungstrieb. Sie macht sich nicht abhängig von Einzelaspekten und Einzelmerkmalen und deren Verabsolutierung. Sie wird zur Grundlage jeder sich als universal verstehenden Ethik. Diese Bejahung als Empfindung, Erkenntnis und Zuwendung können wir verstehen als universale Form und Erscheinung der Liebe. (Vgl. Kruse 1999, S. 79 ff.) Diese Liebe grenzt nicht aus, sie integriert; Humanismus weitet sich zum Universalismus, neigt sich hin zu allem, was lebt – oder genauer: zu allem, was ist. So ist sie unteilbar, wendet sich nur einem jeweils anderen Du aus dem unendlichen Strauß der Schöpfung zu. Als richtunggebend hin zum Leben und zum Tun in dieser Richtung lässt die Liebe sich verstehen. Sie wirkt als Impuls der ganzen Seele und ist auch in diesem Sinne unteilbar. Sie schließt selbst die Kräfte mit ein, mit denen das Negative hätte getan werden können, und veredelt sie dadurch. In der so verstandenen Liebe begegnen wir einer wahrhaften Reinheit des Herzens, die alles Empfinden und Handeln in die angemessene Richtung führt. Das kann identisch sein mit dem, was Menschen als Gerechtigkeit definieren, und im Idealfall wird es das auch sein. Gleichwohl stehen das Sichorientieren und das Tun aus Liebe über jedem Gesetz und jedem Gerechtigkeitsempfinden, wenn diese in eine lebensfeindliche Richtung weisen oder führen können.

Albert Schweitzer hat eine angemessene Formulierung gefunden, als er die Idee der Liebe als einen geistigen Lichtstrahl bezeichnete, „der aus der Unendlichkeit zu uns gelangt." (Schweitzer 1980, S. 198) Er stammt aus dem Raum des Absoluten und wendet sich dorthin zurück. Die Liebe ist wesenseins mit dem Göttlichen. Wo Liebe lebt, ist das Göttliche präsent – die Liebe zum Du und die Liebe zum Ganzen, als dessen Teil wir das Du nun sehen und lieben. Schließlich kann das Göttliche, kann das Absolute nur durch die Liebe hindurch überhaupt gesehen und erkannt werden.

5.2 Verbundensein und Transpersonalität

Die Bedingungen des Lebens, seine Gesetze, alle Interdependenzen und Verwobenheiten, alle Beziehungen und Bezüge können aus dem großen Lebensnetz, das wir Umwelt und Mitwelt nennen, abgelesen werden. Sie können in ihm als ein Teil erspürt werden. Die alten Dualisten von Subjekt und Objekt, Geist und Natur, Körper und Seele, Erkennendem und Erkanntem sind als hinfällig längst auch durch die modernen Naturwissenschaften bewiesen. Sie zeigen sich uns heute als aus der jeweiligen Zeit heraus zu verstehende Empfindungs- und vor allem Erkenntnisgrenzen. Was uns die Liebe intuitiv lehrt, können wir auch erkennen – den holistischen Weltzusammenhang, der Spaltungen aufhebt, etwa die in wertes und unwertes Leben. Alles hat seinen Platz, seine Bedeutung und seinen Stellenwert im Lebensraum von Erde und Kosmos. Es gilt nun auch für die Natur und das Sein an sich, was sich bislang allenfalls in zwischenmenschlicher Ethik wiederfand: Achtsamkeit, Verantwortung, Achtung, Respekt, Gerechtigkeit. Diese über die jeweiligen Kulturgrenzen hinausweisenden Universalien beschränken sich nun wiederum nicht auf die Beziehung Mensch–Mensch sowie Mensch–Umwelt und Mensch-sichtbarer Kosmos. Vielmehr stehen wir vor der Herausforderung der Annahme unserer Partnerschaft mit dem Unendlichen und Transzendenten selbst. Dem Menschen wird seine wachsende Teilhabe an der Schöpfung, am Sein und Werden, am Raum des Göttlichen bewusst. Diese Teilhabe hat keinen Endpunkt, doch sie zielt zunächst auf die Gewissheiten des All-Eins-Seins, die uns in allen mystischen Traditionen der Weltreligionen begegnen. Mit dieser Gewissheit öffnet sich sodann das Fenster der Erkenntnis einen Spalt weiter. Interbeing – alles ist in allem mit allem verbunden, wenn auch auf unterschiedlichen Bewusstseinsstufen. Hinsichtlich der Verbundenheit auch mit dem Göttlichen führt dies den Menschen auf eine sonderbare Reise – bis in die Weiten des Alls und zugleich bis in den letzten Winkel unseres Selbst. Gotteserkenntnis, All-Erkenntnis und Selbst-Erkenntnis zeigen sich als ineinander verflochten, als verbunden, wenn auch nicht identisch. Das Tun und Handeln stellt sich damit in einen neuen und entgrenzten Raum. Es kommt aus der Verbundenheitserfahrung mit dem absoluten Selbst und hebt die Verantwortung im so genannten Diesseits auf eine neue Stufe. Es zerbricht verschlossene und isolierte Welthorizonte und leistet seinen Beitrag für das schöpferische Werden dieser Welt. Indem der Mensch sich selbst neu entdeckt, schafft er sich neu und wird er zum Mitschöpfer. (Vgl. Fox 1991, S. 296 f.)

Die wechselseitige Verbundenheit allen Seins und die Befindlichkeit im ununterbrochenen Strom der Veränderung nimmt dem Jeweiligen nicht sein Eigensein und sein Besonderes. Einssein meint nicht Gleichheit. Die Anerkennung des Eigenseins in seiner Besonderheit und Einzigartigkeit, auch unter den Menschen, ist das eine. Diese Anerkennung auch in anderen Lebensformen, bei gleichzeitiger Ehrfurcht vor dem ungewussten Möglichen der Entwicklung anderen Lebens, ist das Zweite. Das Dritte liegt in der Respektierung der Totalität und des Zusammenhangs des Seins schlechthin, ohne dabei das Besondere des Eigenseins aufzulösen. Aus diesem Dreischritt vermag im Menschen eine Lebenshaltung zu erstehen, welche die Andersheit der Mitlebewesen zur Kenntnis nimmt und akzeptiert. Sie nimmt die Verschiedenheit, auch unter den Menschen selbst, als notwendig und als Voraussetzung zur Entwicklung an. Das Anderssein im Du der Mitgeschöpfe zu ehren, beendet den Rassismus des Menschengeschlechts. Hier liegt unser zentraler Erst-Beitrag zur (unsichtbaren) Solidarität aller Lebewesen untereinander, zur, wie Max Scheler sagt, „Solidarität des Weltprozesses mit dem Werdeschicksal ihres obersten Grundes." (Scheler 1949, S. 108) Hier wird Solidarität mit den Lebensvorgängen in der Mitwelt schlechthin zu mehr als einer Ethik des Mitleids mit anderen fühlenden Wesen. Noch einmal: Der kosmische Lebensprozess manifestiert sich in Unterschiedlichkeit als Einheit. Das Anderssein im Ganzen führt zur Entwicklung nicht nur des Einzelnen, sondern auch des Ganzen. Das verbietet bei Anerkennung von Stufungen Werturteile und fordert aus ganzheitlicher Sichtweise die Ehrfurcht auch vor dem kleinsten Geschöpf. Liebe, Mitleid und Fürsorge treten hinzu. Globale Verbundenheit im Bewusstsein des Einsseins kann so gesehen werden als Bewältigung des Andersseins in der erlebten Einheit. Hierin, dies sei nur am Rande erwähnt, liegt auch die Berufung des Paarweges in der Partnerschaft von Mann und Frau.

Aus der Empfindung der All-Einheit als Kosmos der wechselseitigen Verbundenheit von Anders-Sein wächst eine ethische Anforderung, die im Buddhismus den Namen Ahimsa trägt. Ahimsa meint das Nichtverletzen, Nichttöten, Nichtschädigen. Kein Lebewesen soll bewusst oder absichtlich Leid durch den Menschen erfahren, vielmehr gilt es, sich allem Leben in Liebe zuzuwenden. Ahimsa, das am angemessensten wohl mit „Geist des Nichtverletzens" übersetzt werden kann, richtet sich auf das Ganze. Dieses Ganze wurzelt im Geist, Empfinden, Handeln und Nicht-Handeln in der Allgegenwart des Göttlichen. Gleichwohl bleiben Brüche, die ursächlich zusammenhängen mit dem, was Albert Schweitzer die „Selbstentzweiung des Lebens" nannte. Wir können nicht leben, ohne immer wieder auch zu schädigen. Der große Friedenslehrer Mahatma Gandhi, selbst tief im Ethos von Ahimsa verwurzelt, schreibt:

„Ahimsa ist ein umfassendes Prinzip. Wir sind hilflose Sterbliche, gefangen im Brand der Himsa (Himsa = Gewalt; Anmerkung des Autors). Das Wort, dass „Leben von Leben lebt", hat einen tieferen Sinn. Der Mensch kann nicht einen Augenblick leben, ohne bewusst oder unbewusst nach außen hin Himsa zu verüben. Die große Tatsache seines Lebens – essen, trinken, umhergehen – ist mit einer bestimmten Himsa verbunden, mit Zerstörung von Leben, auch wenn sie noch so geringfügig ist. Ein Anhänger von Ahimsa bleibt seiner Überzeugung treu, wenn die Triebkraft aller seiner Handlungen Mitleid ist, wenn er, so gut er kann, die Vernichtung auch des kleinsten Geschöpfes vermeidet... er wird ständig zunehmen an Selbstbeherrschung und Mitleid." (Gandhi 1968, S. 146)

Höchste Achtsamkeit im Wahrnehmen, Denken, Reden und Handeln, gepaart mit der Herz- und Seelenkraft von Mitempfinden und Mitleid sind das Fundament von Ahimsa. Doch können es gerade Mitempfinden und Mitleid sein, die den Geist des Nichtverletzens in Frage stellen – wenn es um auswegloses Leiden von anderem Leben geht und um den Tod als Erlösung. Gerade wo das Leben als heilig gesehen wird, kann das Töten aus Barmherzigkeit die ethischere Handlungsweise sein als ein absolut gesetztes Tötungsverbot. Albert Schweitzer spricht bezogen auf den Umgang mit Tieren vom Töten „nur aus Notwendigkeit, niemals aus Gedankenlosigkeit" (Schweitzer 1980, S. 194) und gesteht zu, dass barmherziges Töten ethischer sein kann als davon Abstand zu nehmen. (Vgl. Schweitzer 1985, S. 54 f.)

Der Geist des Nichtverletzens bedarf der Offenheit, Vielfalt und Tiefe der Wahrnehmung, damit er sich entfalten und selbst wiederum die Wahrnehmungsvorgänge stimulieren kann. So bleiben wir im Fluss der notwendigen Änderungen und angemessenen Anpassung unserer inneren Bilder, Gedanken, Gebäude und Wertvorstellungen. Wahrnehmung im Geist des Nichtverletzens ist ein bewusster und das Bewusstsein schärfender Vorgang. Sie verbleibt nicht bei Mitleid, sondern führt zum Erkennen. Sie empfängt und erkennt und bestimmt damit schließlich das Maß für das Tun. Sie ereignet sich nicht passiv, sondern sie tritt auf und gestaltet.

Im Geist des Nichtverletzens wird die Wahrnehmung zugleich zu einer Übung in Toleranz. Aus der Perspektive des Anderen erkennen wir ihn einerseits als mit uns zugehörig zum großen Netz des Lebens; wir sehen ihn aber auch in seiner Einzigartigkeit und, wie grundlegend wesenhaft unterschieden von mir er sich darstellt – in *seiner* Wahrnehmung, *seinem* Habitus, *seiner* Gesinnung oder auch schon allein in seiner bloßen Existenzform.

Der Wechsel der Perspektive gehört wesenhaft zur Wahrnehmung im Geist des Nichtverletzens. Das schließt immer wieder auch den gleichsam kosmischen Blick auf das Geschehen mit ein. Das Leben aus der Perspektive eines Vogels zu betrachten und zu meditieren, das mag helfen, die Zusammenhänge nicht aus den Augen zu verlieren und die größeren Gesetze des Lebens und der Entwicklung anzuerkennen. So hält der Mensch sich erkenntnisfähig und damit handlungsfähig auch im Leiden von anderen und von sich selbst. Und bei allem Mitleid beugt er so der Ohnmacht vor, die unweigerlich folgt, wenn er in Sentimentalität erstickt.

Beide, die Perspektive des Lebens, das mir gegenübersteht, und die Perspektive des kosmischen Zusammenhangs und Geschehens, erleichtern die für den Geist des Nichtverletzens unabänderliche Notwendigkeit, meine eigene Personalität in der Selbstwahrnehmung, in der vermuteten Fremdwahrnehmung und in den Handlungssituationen zu relativieren. Wo die Absolutsetzung des Ich aufgehoben wird, mindert sich der Wahn egozentrierter Weltsicht und Weltbeurteilung. Die auf das Ich bezogene Einteilung in Gut und

Böse, Gegner und Freunde, Höher- und Minderwertiges beginnt sich langsam aufzulösen. Vor dem Urteilen über das Gegenüber, das sicherlich immer wieder unausweichlich scheint, steht die Anerkennung und Annahme des Du, die Anerkennung und Annahme des Andersartigen als Teil des größeren Gemeinsamen.

Die Verbundenheit allen Lebens zu erkennen und im Geist des Nichtverletzens zu empfinden und zu handeln ist ein hohes Gut. Und es hat einen hohen Preis. Es geht um die Transzendierung von Ich und Person, nicht nur zum Göttlichen, nicht nur zum Menschen, sondern eben auch zur kreatürlichen Mitwelt hin. Die Herrschaftsfähigkeit des Menschen bestand und besteht ja in seiner Anthropozentrik. In ihr klassifiziert und bewertet er alles ihm Gegenüberstehende selbstbezüglich. Ganz im Ich und im Person-Sein verfangen und aufgehend, kann er sich gar nichts anderes als Zentrum sein. Historisch und evolutionär gesehen war diese Entwicklungsstufe unvermeidbar, und sie hat erhebliche Potentiale an Logos- und Bewusstseinskräften freigesetzt. Doch in ihr wurzeln gleichzeitig Blockaden, Ängste, territoriale und geistige Abgrenzungen und die daraus folgende Entfremdung und Destruktivität.

Nun gehört sicherlich das Ich-Bewusstsein zu unserem Sein als Menschen. Entscheidend ist seine Rückbindung an das transpersonale, das Transzendenzbewusstsein. In ihm erkennen wir unsere Position im Netz des Lebens, der Entwicklung und des Werdens. Und wir erkennen die damit verbundene Verantwortung. Das Ich wird zur Gefahr als Individualismus und Egozentrismus. Rück- und eingebunden, zugeordnet und transzendental relativiert, bleibt es der jeweilig einmalige Gottesfunke. So kann es wachsen in seiner Aufgabe am Ganzen. Mit der Transzendierung, nicht der völligen Überwindung unserer ichhaften Personalität bleiben wir zwar noch immer selbstbezüglich in unserem Tun und der Beobachtung unserer Mitwelt. Wir können einen Grundbestand an Anthropozentrik gar nicht hinter uns lassen. Doch unsere Rolle und Funktion im Weltprozess bestimmt sich neu. Zwar ist nicht alles Leben für den Menschen da, und es käme wohl auch ganz gut ohne ihn aus. Als individuell und gattungsbezogen zum Bewusstsein gelangte Schöpfung nimmt das menschliche Leben gleichwohl eine besondere Stellung ein. Diese auszufüllen liegt noch vor ihm. Noch wissen wir wenig über das Bewusstsein und die Bewusstseinsfelder anderer Lebensformen. Doch trotz dieses Vorbehaltes scheint es die menschliche Gattung zu sein, die für die Evolution der Schöpfung am Übergang zwischen der Wahrheit des Diesseits und der Erkenntnis des Jenseits steht. Sie bewegt sich zwischen Immanenz und Transzendenz, zwischen Anhaftung und Sehnsuchtsdrang. Bewusster Teil der Lebensprozesse auf dieser Erde sein und sich ihnen dienend zuwenden, aber auch zu erkennen, dass es Orte und Prozesse gibt, wo wir nicht hingehören, wo wir nichts zu suchen und nichts zu finden haben, das macht die eine Seite unseres Daseins aus. Sich geistig zu entwickeln, das Göttliche zu suchen und ihm den Raum zu verschaffen, der ihm gebührt, das charakterisiert die zweite Seite. Die Einheit beider verdient den Namen Fortschritt. In dieser Einheit verschmelzen biologische und kulturelle Evolution.

5.3 Die Einheit von Erkenntnis, Ethik und Spiritualität

Entwicklung verlangt Bewusstheit

Evolution verläuft nicht gleichförmig. Dies gilt für die Menschheit in besonderem Maße. Jeder Menschengeist repräsentiert eine eigene Wesenheit, einen eigenen Entwicklungsstand und eine spezifische Trägerschaft bzw. Repräsentation von Kultur – auch wenn das Eingebundensein in kulturelle/geistige Felder Vorgaben macht und Markierungspunkte setzt. In seiner Bewusstseinsfähigkeit und seinen geistigen Potentialen und damit seiner Entwicklungsfähigkeit liegt der besondere Auftrag für jeden Menschen – und zwar bezüglich seiner selbst und in Bezug auf das Leben und das Sein schlechthin. An dem Erkennen, der Annahme und der Erfüllung dieses Auftrages hängt die Zukunft unserer Gattung, wobei mit den selbst verursachten Gefährdungspotentialen auf dieser Erde die Dringlichkeit dramatisch steigt. Wir sind zur Entwicklung befreit und verurteilt zugleich. Ein weiteres Kreisen in Wunschperspektiven, die nur das Ich im Blick haben oder eine bestimmte Gemeinschaft, einen einzelnen Staat oder eine Kultur und die sich den Erfordernissen des Lebensnetzes insgesamt verweigern, wäre ein Kreislauf hin zu unserem Verschwinden. Wir können uns dieser Einsicht nicht entziehen, auch wenn wir gleichzeitig registrieren müssen, dass große Teile der Menschheit aus den unterschiedlichsten Gründen sehr weit von dem entsprechenden Erkennen und den angemessenen Konsequenzen entfernt sind.

Selbstreflexion steht immer wieder in jeder Entwicklungsphase am Ausgangspunkt. Selbstreflexion stellt die Voraussetzung dar, unser Eingebundensein in den universalen Charakter des Lebens und des Lebenswillens zu verstehen. Diese Selbstreflexion weist und führt über uns und über das Vorhandene hinaus. Sie erschließt im Erkennen neue Denk- und damit Handlungsdimensionen. In der Selbstreflexion nehme ich meine Lebensberechtigung, meinen Lebenswillen und meine Entwicklungsfähigkeit wahr. Als sich selbst erkanntes Leben kann ich sie so auch anderem Leben zubilligen. Aus der Selbstreflexion ersteht Selbstrespekt, die Voraussetzung für den Respekt gegenüber dem anderen Leben, ja dem Lebens- und Seinsvorgang an sich. Das Denken und das Erkennen vermögen den auf mich selbst bezogenen Willen zum Leben, zum Handeln, zur Erfahrung von Glück und Zufriedenheit, zu einem kosmischen Lebenswillen zu verfeinern. Ich vermag dies nicht zuletzt dadurch, dass ich mich als Teil des anderen Lebens erkenne. Albert Schweitzer hat dies eindringlich beschrieben:

„Und Du vertiefst Dich ins Leben, schaust mit sehenden Augen in das gewaltige, belebte Chaos dieses Seins, dann ergreift es Dich plötzlich wie ein Schwindel. In allem findest Du Dich wieder...

überall, wo Du Leben siehst – das bist Du!" (Schweitzer 1995, S. 209)

Vor diesem Erkennens- und Empfindungsakt aber warten hohe Hürden. Hier liegt etwa das Ringen der Geisteskraft mit instinktiven, emotionalen und auch gesellschaftlichen Potenzen, die sich nur auf das Partielle ausrichten. Dadurch, dass sie mit der Befriedigung im Moment zufrieden sind, verdrängen sie die Erfordernisse des Ganzen aus dem Horizont. Sie verdunkeln damit eine Wahrheit, die mehr ist als die Wahrheit des kleinen, selbstbezogenen und momenthaften „Glücks".

Das Erkennen und unsere Bewusstheit bestimmen den Grad unserer Freiheit. Es gibt keine Freiheit ohne Erkenntnis und ohne die Reflexion unserer Willensakte und der expliziten und impliziten Begründungen unseres Tuns. Nur mit steigender Bewusstheit kann die Freiheit steigen – die Freiheit zu entscheiden, zu handeln und sich zu verhalten, zu tun und zu lassen. Diese Freiheit entsteht erst durch die im Erkennen vorgenommene Respektierung der Freiheit auch des anderen Menschen und anderen Lebens. Sie ist selbstbewusst, aber nicht selbstzentriert oder gar selbstsüchtig. Es ist die einzige Freiheit, die diesen Namen verdient, die, die befähigt, aus den Annäherungen an Wahrheit den Mut zur entsprechenden Antwort aufzubringen. So gesehen auch wird die Bewusstheit zur Formkraft dessen, was wir den Charakter nennen. Denn er muss sich in jeder lebendigen Situation mit ihrer Einmaligkeit bzw. Besonderheit, für die es keine bereitliegenden Antworten gibt, jeweils neu herstellen und beweisen. In einer Lebensführung, welche die Arbeit an der Bewusstheit und die Steigerung der Reflexivität in ihrem Zentrum hält – gerade auch in Lebenskrisen – geschieht Selbstbildung, Selbstgestaltung. Sie wird zwar unausweichlich immer hinter den Möglichkeiten zurückbleiben, die an sich existieren, doch gilt es, die erkannte Differenz zwischen dem Ideal und der Lebenswirklichkeit schrittweise zu reduzieren. Hierin liegt kulturübergreifend die besondere Aufgabe und die besondere Verantwortung eines jeden Menschen, der das Privileg hatte, mit geistigen Fähigkeiten ausgestattet, diese durch anspruchsvolle Erziehung und Bildung zu entwickeln und zu verfeinern.

Integrale Wahrnehmung als Basis ganzheitlicher Spiritualität

Im Geist, im Denken und in der Bewusstheit liegen die Ursprünge für das Handeln. Hier entwickelt sich alles vor und fort und gelangt zur Handlungsreife – selbst der impulsive Akt der emotional gesteuerten Tat. Gedanken stellen wirkliche und wirkende Tatsachen her. Sie sind Wirklichkeit und schaffen diese. In den unsichtbaren Feldern menschlicher Gedankenwelten entstehen somit auch die Geburtsstationen des Zukünftigen. Und hier liegt die Quelle des Wandels. Mit aus eigener Denkleistung erworbener Einsicht tasten wir uns zur Empfindung des Einsseins und zum Geist des Nichtverletzens vor. Im Denken können wir ein schwankendes Gemüt kontrollieren und Emotionen lenken. Aus dem Denken erwächst jedes Ethos, das mehr als bloße Empfindung ist. Aus dem Denken und im Denken geht die reine Gottessehnsucht in Spiritualität über.

„Ethisch werden heißt wahrhaft denkend werden." (Schweitzer 1995, S. 232) Banal klingt diese Aussage Albert Schweitzers und doch aktueller denn je in einer Zeit, in der das Denken zu industriellem Denken zu verkümmern droht und zurückfällt selbst hinter die scholastische Einsicht, dass die maß-gebende aller Kardinaltugenden die Klugheit ist. Denn die aus ihr kommende Erkenntnis erst macht das Tun gut. Erst aus dem Geist, der sich zur Unterscheidung befähigt hat, entspringt Gerechtigkeit. Mit der Erkenntnis und Bewusstwerdung eines Wertes wächst die innere Anforderung, ihn zu verwirklichen. Und hier erst entsteht Schuld; nämlich in dem Verschließen der Augen vor einem Leid, einer Ungerechtigkeit und im entsprechenden Nichthandeln wider besseres Wissen und Erkennen.

Bezüglich des ethischen Tuns den Vorrang der Denkerfordernis zu betonen, sollte nicht missverstanden werden als ein Versuch, die Qualität ethischen Seins in Beziehung zum Grad der so genannten Intelligenz zu setzen. Vielmehr geht es um die Einsicht in die Ganzheitlichkeit der vom Denken gesteuerten Lebensvollzüge. So stehen Denken und Wahrnehmung in einer eng verflochtenen Wechselbeziehung. Sowohl die sinnliche (sehen, hören, riechen, schmecken, tasten) als auch die übersinnliche und intuitive Wahrnehmung können sich zwar prinzipiell ohne die Einbettung in Sprach- und Denkprozesse ereignen. Erfahrungsgemäß geschieht dies auch regelmäßig in unserem Alltag. Die Kategorisierung, Klassifizierung, Bewertung und die gefühlsmäßige Zuordnung von Wahrnehmungen beruhen jedoch auf Denkvorgängen und begrifflicher Benennung. Erst der geistige Umgang mit dem Wahrgenommenen bestimmt dessen Bedeutung. Und die Bedeutungen, die wir verteilen, wirken steuernd, selektierend und prägend für zukünftige Wahrnehmungen. Unangenehmem und Schmerzvollem etwa trachten wir aus dem Weg zu gehen oder es zu verdrängen; Vertrautes hat eine höhere Chance, die Wahrnehmungsschleuse zu passieren als das Ungewohnte. Menschen sind – auch in ihren Wahrnehmungen – zumeist Gewohnheitswesen. Gewohnheiten steuern jedoch nicht nur die Wahrnehmung, ihre Einflüsse greifen tiefer. Wer das Sehen nicht denkend trainiert, sieht nur oberflächlich. Er nimmt eine Blautönung wahr, wo ein geübter Färber von Textilien zig verschiedene blaue Farben voneinander zu unterscheiden vermag; er sieht einfach nur Schnee, wo ein Eskimo eine präzise Bestimmung von Farbe und Beschaffenheit vornimmt. Auch wer das Hören nicht bewusst trainiert, hört nur oberflächlich. Er hört aus dem Gezwitscher der Vögel den Gesang der Amsel nicht heraus, und in dem monotonen Lärm des Verkehrs dringt das Säuseln des Windes nicht an sein Ohr. Entsprechendes gilt für Geschmack, Geruch und Tastgefühl. Entsprechendes gilt aber auch für unsere inneren Wahrnehmungsorgane, für die „Augen" und „Ohren" von Seele und Herz. Es gilt schließlich für das Zusammenspiel von äu-

94

ßerer und innerer, sinnlicher und intuitiver, partieller und ganzheitlicher Wahrnehmung.

So wie Kopf und Herz also zusammengehören, so auch Kopf und Spiritualität. Als in diesem Leben nie abzuschließender Suchprozess bedarf gerade die gelebte Gottessehnsucht ihrer Reflexion und Bewusstwerdung – nicht zuletzt um die Suchbewegungen als solche zu erkennen und Zwischenerfahrungen nicht als Finale misszudeuten. Norbert Copray nennt vier Kriterien der Spiritualität, die alle hohe Bewusstheit voraussetzen: (Vgl. Copray 1999, S. 9)

1. Heilsamkeit als Spiritualität aus heilsamem Geist. Der Mensch erkennt sich in all seinen Unzulänglichkeiten und Verletzungen und lernt den Umgang mit sich selbst.
2. Entfaltung als Spiritualität aus schöpferischem Geist. Der Mensch entdeckt und erkennt seine Anlagen, nimmt die Fülle des Lebens wahr und verhilft ihr zur Geburt.
3. Bewahrung als Spiritualität aus bergendem Geist. Der Mensch sieht die Kontingenz des Lebens und arbeitet an den Chancen der Lebenserhaltung.
4. Befreiung als Spiritualität aus der Freiheit des Geistes. Der Mensch gibt der Sehnsucht nach Freiheit und Selbstbestimmung Raum und Entwicklungsmöglichkeit.

Wahrnehmung und Erkennen steuern demnach Suchbewegung, Erfüllung und die Gewissheit der Geborgenheit. Sie fundamentieren das bloße Empfinden und sichern es zugleich ab gegen die seelischen Schwankungen, denen sich unser Leben ausgesetzt sieht. Spiritualität und Religiosität werden denkend begriffen. Auf diesen hohen Stellenwert des Geistes verweisen nicht zuletzt immer wieder Schlüsselaussagen im Selbstverständnis der großen Religionen. Erinnern wir uns an das Nicht-Erkennen als Ursache allen Übels im Buddhismus und das christliche Selbstverständnis, dass der Geist den Zugang zum Göttlichen herstellt. Und der Geist in seiner reinsten Form als heiliger Geist genießt alleine absoluten Rang, wie aus dem Matthäus-Evangelium spricht:

„Jede Sünde und Lästerung wird dem Menschen vergeben werden, aber die Lästerung gegen den Geist wird nicht vergeben." (Matthäus 12,31)

Mit den Gaben des Geistes wird der Mensch zu der ihm möglichen Erkenntniskraft und der ihm möglichen Achtsamkeit geführt. Wobei es gerade das Denken und die Reflexion des Denkens sind, die ihn sodann mit den Grenzen des Denkens konfrontieren und in eine spirituelle Haltung der kontemplativen Zuwendung führen. In dieser Haltung liegt auch ein Empfangen, das nicht mehr denkend gesteuert wird. Beides gehört für erfüllte Spiritualität zusammen, steht sich nicht entgegen. Denken und Mystik ergänzen sich im Begreifen der Welt und des Kosmos. Im Zusammenspiel führen sie uns zu höchsten Aufmerksamkeits- und Achtsamkeitsleistungen. Im Zusammenspiel überwindet das Selbst, das sich erkannt hat, seine denkenden Grenzen. Im Zusammenspiel bringt der Geist die uns mögliche irdische Gerechtigkeit mit dem Göttlichen in eins.

In der verwissenschaftlichten Welt der Gegenwart sind wir von dieser Einsicht weitgehend entfremdet worden. Höchstgradige Arbeitsteilung und eine fortschreitende methodische Verfeinerung bewirkten einen enormen Zuwachs messbaren und in mehr und mehr Details sich erweiternden Wissens. Letztlich befindet sich dieses jedoch auf einem unbefriedigenden Niveau. Denn das, was sich dem empirischen Blick nicht erschloss, galt und gilt wissenschaftlich als nicht existent. Hier zeigen sich die verheerenden Folgen der Abkehr von der Universitas als Gesamtheit. Sie kann festgemacht werden an der Abtrennung von Ethik, Spiritualität und auch der Kunst vom wissenschaftlichen Prozess und dem wissenschaftlichen Selbstverständnis. Blockiert wird damit eine dem Geistigen, Künstlerischen und Ästhetischen zugewandte Weiter- und Höherentwicklung der Erkenntnisfähigkeiten, zu denen wir neu aufbrechen müssen. (Vgl. Eurich 2000, S. 161–191)

Tiefe Ethik ruht in freier Spiritualität

Das Scheitern ethischer Konzeptionen und Entwürfe, die abgekoppelt sind vom spirituellen Weltzugang, ist vorbestimmt. Ethik als bloße Reaktion auf menschliche Unzulänglichkeiten und als Abwehrmechanismus gegen individuelle, soziale und gesellschaftliche Fehlentwicklungen entbehrt des Sinnhorizonts, der über die Mauern des Gegenwärtigen und Aktuellen hinausweist. Ihr fehlt die Begründung über die Zeiten hinweg, und vor allem kennt und erkennt sie nicht den Impuls des ganzen Lebens, in dem Menschliches und Göttliches sich verbinden. Ihre Heimat ist das bloße So-Sein im Hier und Jetzt. Dessen Grenzen sind ihre Grenzen.

Allerdings gilt es auch das unausweichliche Scheitern eines Ethos zu registrieren, das sich zwar spirituell begründet sieht, sich zugleich aber erschöpfen lässt in der Engführung, Abgrenzung und Unerbittlichkeit eines religiösen Systems. Jegliche Fundamentalismen der Gegenwart – gleich aus welchen Traditionen sie stammen – sind dafür beredte Zeugen. Spiritualität, als personal und/oder gemeinschaftlich gelebte Gottessehnsucht, die keinen Entfaltungs- und Entwicklungsspielraum aufweist und der damit die Freiheit fehlt, verdient ihren Namen nicht! Ihre Ethik verkümmert zur angstbesetzten oder überheblichen, sprich blinden Moral.

Es gilt also wohl der Satz, dass Ethik und Sittlichkeit der spirituellen Umsetzung bedürfen, um nicht vom Leben entfremdet zu werden oder es gar zu verlieren, und damit den Menschen. Es gilt gleichzeitig aber auch, dass eine ganzheitliche Ethik, die sich geborgen sieht in einer ganzheitlichen Spiritualität, eine freie Ethik ist. Geboren wurde sie und wird sie immer wieder neu aus einer freien Spiritualität. Denn Ganzheitlichkeit meint Freiheit, meint Prozess, meint Entwicklung.

In der Verschmelzung von Spiritualität und Ethik verschmilzt die Sehnsucht nach dem Unendlichen, nach dem Grundimpuls des Seins und Werdens mit den Erfordernissen und Möglichkeiten und Sehnsüchten in der Zeit. Aus der spirituell rückgebundenen Ethik spricht eine grundlegende Lebensbejahung. Dieser liebenden Zuwendung zu den Prozessen des Lebens will sie ein frohes und schönes Antlitz geben. Aus der Beziehung der Person zum Raum des Absoluten, zum Grundimpuls des Seins, zum Göttlichen, erwachsen die ethischen Koordinaten. Die Relevanz dieser Beziehung findet Ausdruck in der Entscheidung, im Tun und Nichttun zur rechten Zeit. Das innere Wesen des Menschen, das zu seiner Lebensausrichtung und zu Handlungsimpulsen führt und sie prägt, offenbart und entfaltet seinen Reichtum in der Erkenntnis des Einsseins. Es geht auf in der geistigen Verbundenheit mit dem kosmischen Lebensstrom und der entsprechenden inneren Empfindung. Die innere Stimme, unser so genanntes Gewissen, erhält ihren vollen Klang erst durch diese Einheit. Sie macht aus dem kleinen Ich ein kosmisch vernetztes Selbst. Diese Einheit allein kann in ein inneres Gleichgewicht und in einen inneren Frieden führen, der dann auch den äußeren nach sich zieht. Wie sollen Gleichgewicht und Frieden im Größeren entstehen, wenn sie in uns noch nicht verwirklicht sind? Wie können wir uns heilend der Entzweiung des Lebens zuwenden, wenn wir uns selbst noch unerkannt und uneins sind?

Die Spiritualität macht den Menschen lebendig und lebensnah. Der geistige Raum, zu dem er sich in Beziehung stellt und der ihn erfüllt, macht sein Tun wahr von innen her. In ihm findet er den Halt, den zeitgebundene Institutionen, Regeln und Orientierungen nicht geben können. In ihr widerfährt ihm die Berührung, die die Absolutsetzung seiner Individualität und seines Privaten auflöst. Der irdische Mensch erhält eine Ahnung seiner kosmischen Teilhaftigkeit. Im Atemraum des Absoluten fallen die Grenzen zwischen Ethik und Spiritualität, ja, sie lösen sich als reine Konstruktionen auf. Ethik erweist sich als Mystik und Mystik erscheint sinnlos ohne das geisterfüllte Tun. Die Spiritualität führt den Menschen zur neuen Praxis, in der sie sich selbst beweist und bewährt. Aus ihr stammt die letzte Kraft, die uns hingabefähig macht, auch über das eigene Leben und dessen Erhalt hinaus. Man nannte das in alten Tagen die Tugend der Tapferkeit. (Vgl. Pieper 1934) In der Wahrnehmung des Einsseins allen Lebens können wir sie heute entsprechend entgrenzt sehen und müssen wir sie entsprechend sehen. Ethisches Sein im Angesicht des Absoluten und in der Geborgenheit des göttlichen Raums ist Ethik des Einsseins. Das Durchscheinen des Absoluten in allem Leben bestimmt ihren Horizont und lässt uns im Nächsten das Ganze sehen und erkennen.

Die Geschichtlichkeit von Ethik und Spiritualität

Geistgewirktheit und der Geist selbst widersprechen jeglicher Statik und jeder aus Endlichkeitsempfindungen resultierenden Engführung oder gar Festschreibung. Begegnen wir solchen Festschreibungen, so können sie als Ausdruck einer Zeit mit ihren Möglichkeiten und Grenzen gesehen werden. Jede geschriebene Ethik und jede in Worten umschriebene oder in Ritualen gefasste Spiritualität sind somit geschichtlich zu sehen und zu interpretieren. Dies gilt unabhängig von den immer mitschwingenden überzeitlichen Anteilen und Gehalten, die zahlreiche, auch größere historische Phasen überdauern. Nicht zuletzt die hebräische Bibel als die Geschichte des Weges eines Volkes steht hierfür als herausragendes Beispiel, ebenso die Veden und der Koran. Ist das Sein an sich und darin die prozesshafte Entwicklung des Menschen als Gattung und Person erst einmal erkannt, so kann dem nicht eine als unwandelbar behauptete Ethik gegenübergestellt werden. Gleiches gilt für eine als zeitlos behauptete Spiritualität. Der Anspruch liegt immer in dem freien und kreativen Umgang mit der komplexen Wechselbeziehung von notwendigem Bestand/notwendiger Konvention, situationsbezogener Flexibilität, dem Bemühen um ein Verständnis des Anderen und einer Offenheit sowie Empfänglichkeit für geistige Impulse, die aus der Annäherung an den Raum des Transzendenten resultieren. Dieser Anspruch kann nur – auch wenn er in den Weg einer Gemeinschaft eingebunden ist – personal verwirklicht werden. Diese Verwirklichung geschieht in der gelebten Beziehung des Einzelnen zum Du des Mitmenschen, zum Du der Mitlebewesen, zum Du des Selbst und zum göttlichen Du. Unausweichlich wird hier deutlich, dass die Frage nach der Beziehung von Ethik und Spiritualität und nach ihrem Ausdruck in Lebensvollzügen die Frage nach unterschiedlichen Entwicklungsniveaus ist, auf denen sich die Menschheit insgesamt und auch jeder einzelne Mensch befinden. Es liegt ein Ausdruck höchster Kultur in der Fähigkeit, zum einen diese Differenzen zu sehen und sie nicht wertend zu respektieren und zum anderen doch an dem Prozess einer Höherentwicklung und ihrer Förderung aktiv mitzuwirken. (Vgl. dazu Wilber 1984 und 1996) Ethik und Spiritualität meinen dann für den Einzelnen, sich mit den eigenen Möglichkeiten, mit den ihm möglichen Haltungen, Entscheidungen und Handlungen zu konfrontieren und aus der Möglichkeit Wirklichkeit zu formen – im Geist des Nichtverletzens, der Liebe und der Klarheit. Ethik und Spiritualität als Prozess in der Ausrichtung am Du des Mitmenschen, der Mitlebewesen, des Selbst und des Göttlichen haben im Rahmen der vorhandenen Möglichkeitshorizonte immer zugleich Dimensionen des Sozialen, des Ökologischen, des Psychischen und des Religiösen. Auch diese Dimensionen bilden durch alle Unterschiedlichkeit hindurch ein Feld der Verbundenheit. Es formt die Person immerwährend neu. Es gibt ihr Gestalt und Individualität. Es schenkt durch seine Ganzheit eine ganzheitliche Empfindung dessen, was wir Glück, Zufriedenheit im höheren Sinne oder gar Seligkeit nennen. Dorthin zu führen bzw. den Weg unterstützend zu begleiten, ist der Auftrag von Erziehung und Bildung. Sie unterstützen den je persönlichen Entwurf eines gelingenden Lebens in der Verbundenheit mit anderen Lebensströmen. Sie gründen und flankieren die Gestaltwerdung eines persönlichen Ethos und einer persönlichen Spiritualität, die sich selbst Maßstab werden und bleiben. Möglich wird dies durch die Rückbindung an das, was eine Person überzeitlich übersteigt und was sie selbst transzendiert. So wird die Herrschaft des Faktischen unterbrochen. So wird es dem werdenden Menschen möglich, dass ihm wieder die Stunde der Freiheit schlägt und die ihm eigen gewordene Kreativität die kleinbürgerliche Moral überwindet. Diese Freiheit ist durch ihre vielfältige Rückbindung sensibel für die Endlichkeit des Menschen und die Grenzen seiner Machbarkeit. Sie will auch gar nicht Machbarkeiten dienen, sondern der Hinwendung zu dem Leben, das leben will, inmitten von Leben, das leben will... Solche Freiheit will errungen werden und der Einzelne steht in der personalen Verantwortung dafür, ihr Möglichwerden im Rahmen seiner Möglichkeiten zu fördern. Nicht aus Furcht vor einer strafenden Allmacht soll dies geschehen, sondern aus Liebe, nicht unter dem Druck der Befolgung von Gesetzen, sondern ihrer Erfüllung, wenn sie dem Ganzen dienen.

Dieser Prozess ist als persönlicher Prozess selbstredend eingebunden in soziale und gesellschaftliche Strukturen und Prozesse. Um ihn zu bewältigen, benötigen die Gesellschaften auf dieser Erde eine ihrem Entwicklungsstand angemessene Diskursstruktur, welche die Vielfalt der menschlichen Ausdrucksformen bezüglich aller Ebenen des Seins zulässt und integriert. Die Zukunftsfähigkeit des Menschengeschlechts hängt mit der Bereitschaft, an einer solchen Kultur auf allen Ebenen zu arbeiten, auf Gedeih und Verderb zusammen. Das beginnt beim Umgang mit mir selbst in meinen Widersprüchlichkeiten und reicht über die vertrauten Lebensweltkollektive bis hin zu Staaten und der organisierten Weltgemeinschaft selbst.

Zur Freiheit gehört Notwendigkeit

- Die Liebe zum Sein in seinen immanenten und transzendenten Dimensionen
- Bewusstsein, Erkenntnis und Achtsamkeit
- Eine spirituelle Verwurzelung aller Geistes- und Gefühlsregungen und der damit verbundenen Seinsorientierungen
- Die Annahme unseres Seins als im umfassenden Sinne frei...

Setzt man diese Kriterien, stellt sich keine Frage mehr nach der Moral und einer Sittlichkeit, die ihren Ausdruck in Geboten und Verboten findet. Was zu tun und was zu lassen sich anbietet, spricht aus der Situation und ihrem Platz im Lebensnetz.

Um an dieser Stelle einem Missverständnis und einer libertären Fehldeutung vorzubeugen, soll eine Selbstverständlichkeit doch deutlicher angesprochen werden. Zur Freiheit gehören Notwendigkeiten. Freiheit und das Muss bilden keinen Widerspruch. Vielmehr zeichnet gerade die wirkliche, weil verantwortete Freiheit aus, dass sie sich Notwendigkeiten des Ethischen und dadurch der Vernunft beugt. (Vgl. Mynarek 1967, S. 306–314) Schließlich müssen wir anerkennen, dass zwischen die Idee der Freiheit und ihre alltägliche Verwirklichung immer ein Schatten fällt. Strukturelle Zwänge, schwankendes Bewusstsein und blinde Flecken der Erkenntnis, genau wie gefühlsmäßige, emotionale Verstrickungen sowie immer wieder eine lähmende Trägheit reduzieren die Vision der Freiheit zu einem Schein. Dann schlägt noch immer die Stunde der Normen und Gebote. Dann müssen wir noch immer anerkennen, dass Kulturen sich ohne sanktionierte Schranken in vielen Lebensbereichen nicht organisieren und nicht regeln können. Normen reduzieren dann die Handlungsvielfalt. Sie geben Bahnen der Entwicklung da vor, wo der innere Impuls und die innere Klarheit fehlen, sich ethisch begründet frei zu entfalten.

Verbindliche Normen stiften ein Mindestmaß an gemeinschaftlicher Orientierung, Verantwortung und Verlässlichkeit. Sie bieten als Übergangsgewissheiten Halt und fundieren, ja ermöglichen oft erst die Entwicklung zu dem, was wir das Gute, das in Freiheit erkannt und gelebt wird, nennen. Schließlich stellen sie eine Grundabsicherung bzw. einen gewissen Schutz vor Übergriffen immer dort dar, wo es um die Verwirklichung ethischer Lebensentwürfe geht. Das „Niedere", der Normierungsbedarf, schützt den Entwicklungsraum für das „Höhere", ein ethisches Sein in Freiheit. Allgemein respektierte Normen ziehen gerade in der Gegenwart da noch Grenzen, wo Individualisierungsprozesse drohen vollends abzudriften. Es sind die Grenzen, die sich zum einen aus der wechselseitigen Anerkennung und Respektierung ergeben. Sie sprechen aber auch aus der Einsicht, dass die Selbstverwirklichung und das durch sie eingeforderte Maß an Freiheit eine Verwirklichung im Rahmen zahlreicher anderer Verwirklichungsbestrebungen ist, mit denen ich direkt und indirekt verbunden bin. Für Menschen erscheint uns dies aus kulturellen, geschichtlichen und emotionalen Gründen einsichtig. Als wechselseitige Anerkennung anderer Lebensformen, die allerdings von uns ausgehen muss, gilt es ein entsprechendes Verständnis erst noch zu entwickeln. Wechselseitige Anerkennung setzt Respektierung der Bedürfnisse und der Lebensäußerungsfreiheit genauso voraus wie eine Achtsamkeit im Hinblick auf die Verletzlichkeit des Anderen.

Die in jeder Gegenwart der menschlichen Kultur notwendigen Normen mindern das Chaos und bemühen sich, ein Überleben in relativem Frieden zu gewährleisten. Aber sie stehen selbstverständlich nicht für ein letztes Telos. Insofern befinden sie sich in jeder lebendigen Situation auf dem Prüfstand. Wo wir diese Einsicht reduzieren oder aufgeben, werden Normen destruktiv für ein sich entwickelndes Sein. Dann wird zur Maxime und damit zur Gewohnheit, was doch nur Lotse in einer schwierigen Passage der Entwicklung in der Kultur sein will und soll. Normen und auch moralische Orientierungen befinden sich als Setzungen in der Zeit für eine Zeit quasi naturhaft im Übergang. Der Übergang steht für ihr Wesen. Und aus diesem Grunde gehören ihre Generierung, ihre Formulierung, Prüfung und Veränderung in das Zentrum einer Diskurskultur. Dort sind sie im Feuerwerk sich wandelnder menschlicher Motivlagen und Einsichten immer wieder neu zu verhandeln. Nur aus der Offenheit und Verbindlichkeit einer Diskurskultur kann intersubjektive Geltung entstehen und damit ethisches Verhalten, ja Pflichterfüllung.

6 Das Einssein und das Religiöse

Die wechselseitige Verbundenheit von Ethos und Spiritualität, von Freiheit und Verantwortung sowie von Personalität und dem Einssein aller Lebensimpulse stellt die Frage nach der Bedeutung des Religiösen neu. Dabei erscheint zunächst weniger der Blick auf Religion als verfasstes System in seiner historischen Gewordenheit relevant als vielmehr die Zuwendung zum Ausgangsimpuls. In den Wurzeln liegt die Kraft für das Wachstum verborgen; in der Klarheit des ursprünglichen und noch ungebrochenen Wortes ruhen die Möglichkeiten, die durch den Gang durch die Geschichte verschüttet wurden.

6.1 Der Weg, die Wahrheit und das Leben

„Die objektive Norm, die das Christentum verkündet (...), ist die Summe dessen, was ein Mensch grundsätzlich werden soll und kann... Aber er muss grundsätzlich als Christ zugeben, dass es immer im Dasein hier und jetzt diese Differenz gibt - die der Mensch nach oben zu überwinden hat – zwischen der Trägheit seines Geistes, zwischen seinem Egoismus einerseits und dem Licht der Wahrheit, der Liebe, der Treue, der Selbstlosigkeit andererseits... In der konkreten sittlichen Situation ist der Mensch immer gefragt, ob er offen sein will für jene innerste Geöffnetheit des Daseins auf Gott hin oder nicht." (Rahner 1984, S. 394)

Der große katholische Theologe Karl Rahner umschrieb in diesen Worten die an sich bestehende Grundanforderung an jeden Menschen, der sich Christ nennen mag. Diese Grundanforderung klingt radikal, und sie ist es. Die große Herausforderung liegt darin, jede konkrete Situation mit der inneren Ausrichtung auf die letzte In-

104

stanz, das Göttliche, zu verbinden. In dieser Zuspitzung geschieht jedoch nichts weiter, als dass das formuliert wird, was die Essenz des Lebens und der Lehre des Mannes aus Nazareth ausmachte.

In der Bergpredigt (Matthäus 5–7) konfrontiert Jesus die Menschen mit einem bedingungslosen Zuspruch in den Seligpreisungen. Er stellt sie aber auch vor bedingungslose Forderungen. Im Gegensatz zur Ethik der Propheten, die aus der Zeit für eine Zeit gesehen werden müssen, nimmt er dabei keine Rücksicht auf das, was wir als unmittelbar möglich bezeichnen. Er verkündet eine Utopie, spricht vom Ziel unseres Werdens. Er hält sich nicht mit den Arrangements auf, mit denen Menschen alleine glauben, lebensfähig zu sein und zu bleiben. Mauern, die mit diesen Arrangements verbunden sind, reißt er ein. Es sind die Mauern des Legalismus, der Wertigkeit zwischen den Menschen, aber auch die Mauern zwischen sakral und profan. Wir finden in seinen Worten und Taten keine Ethik, kein Programm, sondern die Zuwendung zu dem, was er in der Liebe als den Willen Gottes erkannte – über alle Gebote hinaus.

Die Authentizität und Kraft des jesuanischen Wirkens stammen aus seiner unmittelbaren Gottesbeziehung. Sie wurzeln in der kontemplativen Kommunikation mit dem göttlichen Du, das er „Vater" nannte. Sie sind also aus einem mystischen Weltzugang geboren, nicht vernunftbezogene Auseinandersetzung mit Texten, Geboten und Strukturen. Genau das ließ ihn ja letztlich auch an einer Welt scheitern, die Gott weitgehend auf Gebote und Rituale und die damit verbundenen „Sicherheiten" reduziert hatte.

Die Unmittelbarkeit und das In-Eins-Sehen des Göttlichen mit der Welt schon jetzt überwinden in den Lehrreden Jesu auch jede künstliche Distanz zwischen ihm und seinen Zuhörern. Er bezog ein, nahm in das Geschehen mit hinein und spitzte alle Anforderungen zu auf einen Wandel des Herzens, der sich aus der bedingungslosen Bejahung der Welt ergibt. (Vgl. Fox 1991, S. 104–113) Als herausragendes Beispiel hierfür steht die Szene, die bei Johannes geschildert wird (8, 1–11). Eine Frau, die die Ehe gebrochen hatte, wurde zu Jesus gebracht – mit der Anforderung an ihn, sich der gebotenen Steinigung nicht zu verweigern. Das Gesetz gab in diesem Falle klare Auskunft, die Situation war zugespitzt. Jesus löste sie auf, indem er ein Streitgespräch umging, durch sein Verhalten Besinnung in die Runde der versammelten Menschen brachte. Er malte Zeichen in den Sand und sprach nur einen Satz: „Wer von Euch ohne Sünde ist, werfe als erster einen Stein auf sie." Das starre Gesetz war damit gebrochen. Der Blick eines jeden wandte sich unweigerlich von der Frau auf sich selbst. Jeder sah sich auf sein Leben und sein Denken und sein Empfinden und seine Träume und unerfüllten Sehnsüchte zurückverwiesen. Achtsamkeit, Empathie und Liebe zum Leben waren in diesem Moment der Handlungsimpuls. Statt über einen anderen zu richten, führte die Umleitung des Blicks auf das Selbst zum Verstehen.

Diese biblische Szene ist ein Gleichnis für die Beziehung von Ethik, Norm und Freiheit. Das Gesetz tritt hinter der Liebe zurück, die möglich wird durch die Befreiung zur Freiheit, die Jesus vornimmt. Die Freiheit in Gott schafft den Raum, nicht länger der Ordnung, sondern dem Leben zu dienen. In ihr löst eine Angst sich auf, die lähmte, und mit der Angst vergehen die Autoritäten der Macht. Gleichwohl wird dadurch das Gesetz nicht an sich außer Kraft gesetzt. Die Geschichte endet mit der Aussage Jesu: „Auch ich verurteile Dich nicht, geh und sündige von jetzt an nicht mehr."

Die Freiheit als Schlüssel, der die Tür zur Achtsamkeit, zum Verstehen und vielleicht sogar zur Liebe öffnen kann, charakterisiert auch das Verhältnis des Nazareners zur spirituellen Praxis. Sakrale Ordnungen setzt Jesus außer Kraft. Die Grenzlinien zwischen heilig und profan löst er nahezu auf. Das Gottesreich verkündet er in der Welt. Wo sie sind, sollen die Menschen suchen und sich um Verwirklichung bemühen. Für die Kommunikation mit Gott bedarf es keines Tempels und keines Gotteshauses – es reicht das „stille Kämmerlein" im Lebensumfeld eines jeden. Das Mahl, als Symbol der Einswerdung von Gott und Mensch, vollzieht sich am gedeckten Tisch und nicht als rituell entrücktes Sakrament. Die Zeit für die Zuwendung zu Gott wird nicht durch ritualisierte Alltagsabläufe geregelt. Zu jeder Zeit, an jedem Ort soll sich der gotterfüllte Augenblick ereignen können. Die Zeit von Jesus ist KAIROS-Zeit. Jeder Moment kann alles enthalten. Zu jedem Zeitpunkt kann das Ewige in das Zeitliche einbrechen, den freien und offenen Menschen berühren, erschüttern, verwandeln. (Vgl. Eurich 1996, S. 55–91 und 2006, S. 80–86)

Noch einmal: Jesus verkündete keine Ethik, die zu einer Trennung zwischen Glauben und Verhalten führt. Vielmehr setzte er beides in eins, als Voraussetzung für die Ausbreitung des Göttlichen unter den Menschen und als zugleich potentiell immer schon möglich und vorhanden.

Es bleibt die Frage, welche Instanz den Menschen auf diesem steilen Anstieg vom Flachland zu den Gipfeln führt. Auch hier begegnen wir wieder der Freiheit – in Verbindung mit der Gewissheit, die aus unserem Inneren erwächst. Der innere Meister, das Göttliche im Menschen, übernimmt die Führung. Anleitung von außen hat den alleinigen Sinn, diesen inneren Meister zu befreien, also das, was Jesus als das Reich Gottes unter uns und in uns bezeichnete. Anders formuliert und in einem anderen kulturellen Horizont eingebettet, stoßen wir bereits ein halbes Jahrtausend vor Jesus auf denselben Zugang. Auch bei Buddha steht die Freiheit des einzelnen Menschen am Ausgangspunkt des Seins zum Werden. Die Freiheit lenkt den Schritt auf den Pfad zur Einswerdung. In der Freiheit der Versenkung wächst die Haltung, die der Erkennende dem Leben entgegenbringt.

6.2 Die Mystik als Heimatraum einer kosmischen „Religion"

Wo die universale Verbundenheit aller Lebensströme erkannt, wo das Zusammenspiel von Spiritualität, Ethos und Lebensführung wahrgenommen und zur Lebenspraxis wird, dort löst sich das Religiöse auf, das seine Identität innerhalb von Grenzlinien behaupten möchte. Es taugt nicht mehr dazu, das tägliche Leben in aller Tiefe und Weite zu bestimmen. Dies ist die Stunde, die den Transformationsprozess der alten Religionen einläutet. Das Nicht-Anhaften und Loslassen als Kernanforderung der Freiheit betrifft nun die Religionen selbst. Auf dem Prüfstand stehen alle Weltbilder, Lehren und Rituale, die transzendente Erfahrungen behindern oder blockieren. Anthropozentrische Heilslehren sowie partikulare Gottesbilder und Gottesverständnisse haben ausgedient. Der Ursprungsimpuls alles Religiösen, nämlich die Suche nach dem Göttlichen und Einen, die Sehnsucht nach dem Absoluten, die Erwartung der Berührung und die Hoffnung auf Heilung und Frieden können nun wieder deutlich hervortreten. Es wird unübersehbar, dass durch das körperliche und kulturelle Anderssein der Religionsstifter hindurch ein gemeinsamer tragender Grund strahlt. Durch ihn liegt das Wesentliche weniger in den Personen als in dem wirkenden und sich verwirklichenden Prinzip. Die alten Religionen geben sich denen, die im Strom dieser Erkenntnis stehen, nun als Brücken zu erkennen. Sie führen in ein Land der Begegnung derer, die zur Mitte wollen und zur Einheit. Der Weg dorthin trägt den Namen Mystik. In ihr verschmelzen Sehnsucht und Suche, Einheit von innerem und äußerem Leben, Erfahrung des Selbst und Transpersonalität. Aktion und Kontemplation bilden ein Feld wechselseitiger Verbundenheit und Beeinflussung. In einer Phase der Menschheitsentwicklung, die extrem von Veräußerlichung geprägt ist, kommt hierbei der Kontemplation eine Schlüsselbedeutung zu. Die Erfahrung des Einsseins fordert die Bereitschaft und Fähigkeit, sich dem Äußeren immer wieder und regelmäßig zu entziehen. Wenn die Hast und das Tun, wenn die äußere Stimme und die inneren Vorstellungen zur Ruhe kommen und schweigen, kann das Hören beginnen und ein vorurteilsfreies Sehen. Nur Verinnerlichung als meditativer Weg macht Erkanntes und Empfundenes für den Alltag wirksam. In ihr findet eine Transformation, eine Umwandlung der Werte statt. Aus ihr stammen die Energie und die Klarheit für bewusstes Tun. In der Kontemplation hat das Absolute eine Chance, im Menschen zum Ausdruck zu kommen und sich in ihm und durch ihn zu verwirklichen.

Der kontemplative Weg bringt in Verbindung mit dem Licht und er lehrt, mit den Dunkelheiten umzugehen. Er reinigt Gedanken, Empfindungen und Emotionen von negativen Strömungen und verringert dadurch die Anlässe für negatives Verhalten. Das durch die Kontemplation gegangene bzw. aus ihr entstandene Ethos ist identisch geworden mit der Erfahrung des Lichts und des Selbst. Es hat seinen Maßstab in sich selbst gefunden und bedarf keiner äußeren Instanzen mehr, die regelnd und normierend eingreifen wollen.

In der Kontemplation befindet sich der Mensch in einer Schule der Wahrnehmung. Sie entlastet von dem Berg der alltäglichen Eindrücke und Erfahrungen. Sie führt dahin, uns begegnendes Leben offener und wacher zu sehen. Sie zeigt uns unsere Standpunkte als personen-, orts- und zeitgebunden und nicht als übergreifende Wahrheiten. Und sie lehrt uns, sie loszulassen.

In dieser Schulung verändern sich auch die inneren Koordinaten der Zeit. Die Chronos-Zeit, die als ununterbrochene Uhrzeit gleichgültig voraneilt, wird durchlässiger für das Empfinden des Augenblicks, des besonderen Moments, des KAIROS. „Der Augenblick ist Gottes Gewand", nennt Martin Buber das. Im Augenblick und in der Fähigkeit, ihn wahrzunehmen, zeigt sich die Gegenwart des Göttlichen aus dem heraus, was wir Ewigkeit nennen. Für einen Moment scheint alle Zeitlichkeit und unsere Verfangenheit in ihr aufgehoben. Für einen Moment wird das mögliche Neue sichtbar, ergeben sich richtungweisende Situationen. Kontemplation heißt, die Stille zu erfahren; jene tiefe Stille, die man als kosmischen Atem bezeichnen kann. Diese Stille selbst schon ist Offenbarung, eine Weise der Kommunikation zwischen dem Göttlichen und dem Menschen. Sie offenbart gleichwohl kein Wissen, eher Gewissheit. Sie hält hinsichtlich des Absoluten in der „Wolke des Nichtwissens" und lässt uns zugleich seine Präsenz empfinden. Kontemplation heißt: Entwicklung zulassen. In ihr erfährt der Suchende die höchste Stufe des personalen und transpersonalen Bewusstseins, das auf der gegenwärtigen Evolutionsstufe möglich ist. Sie öffnet neue schöpferische Spielräume. Und als Prozess des fortwährenden Übergangs steht sie für die Schlüsseltradition der Zukunft. Im Schweigen mit und vor dem Numinosen lösen sich alte Bilder und die uns widerfahrende Entzweiung auf.

Mit dem Wachstum der inneren wird veräußerlichte Religion schwächer. Sehnsucht nach dem Absoluten, Liebe, Einssein und der Geist des Nichtverletzens lassen eine innere Ordnung entstehen, die der äußeren nicht mehr bedarf. Davon bleiben im letzten keine Schrift, kein Kult, kein Ritual und kein Habitus unberührt. Denn auch wenn sie eine wichtige Stütze für andere Menschen, vor allem in Krisensituationen darstellen, engen sie doch mehr ein als sie geistig befreien. Und damit stellen sie sich dem Wirken des Transzendenten immer dann entgegen, wenn sie als mehr erscheinen wollen als ein Wort und/oder formgewordener Ehrfurchtsausdruck in Bezug auf das göttliche Du.

Vor den Menschen, die sich im Einssein fühlen und wissen, liegt der freie Heimatraum dessen, was wir kosmische Religion nennen können. Sie bildet ein geistiges Feld möglicher Partnerschaft mit dem Unendlichen und Ewigen. Der ganze Kosmos stellt sich dann als Theophanie dar, als Schauplatz der Ausdrucksweisen göttlicher Wesenheiten. Und der Mensch erkennt sich als inbegriffen, nicht bloß äußerer Beobachter. Die Glaubenssysteme der Weltreligionen setzen uns zu dieser Erkenntnis hin auf den Weg – nicht weniger, nicht mehr. Es ist der Weg zu der Brücke hinter die Religionen, der Weg, der Wege vereint, persönliche Sonderklauseln als Täuschung verwirft, Glaubenskonzepte transzendiert. Ein Zurück zu den Wurzeln gibt es nicht, denn auch sie sind im Prozess des Werdens und Wandels nicht geblieben, was sie einmal waren. Auch wenn ihre Kraft immer noch wirkt – in die Zukunft hinein. Die Wahrnehmung und Erkenntnis des Einsseins wächst im gegenwärtigen Zeitalter genau wie das Wissen um die Einheit von Spiritualität und Ethik. Damit neue Entwicklungsräume in diese Richtung sich öffnen können, geht kein Weg daran vorbei, die religiösen und theologischen Lehren der letzten Jahrhunderte sowie die daran geknüpften Gottesbilder hinter uns zu lassen. Das Labyrinth dieser Gedankengebilde, ihre Verteidigung und das Anhaften an ihnen stehen der notwendigen und möglichen Freiheit im Wege. Loslassen heißt auch hier, frei werden von Täuschungen und Illusionen. Für Schuldgefühle besteht dabei kein Anlass. Vielmehr sollten wir sehen, dass die alten Lehrgebäude, die partikularen Ethiken und entwürdigende Moralvorstellungen nur so lange überleben konnten, weil ihre Negation bewusst und unbewusst mit „Schuld" gekoppelt war.

6.3 Die heilende und orientierende Kraft des Scheiterns

Der Anspruch an eine Existenz, die versucht, an der Einheit von Erkenntnis, Ethik und Spiritualität zu arbeiten und sie zu leben, könnte höher wohl kaum sein. Und so fällt auch hier zwischen die Idee und die Wirklichkeit ein Schatten.

Offenheit auf den verschiedenen Ebenen der Wahrnehmung, die Bereitschaft, das Leben aus der Perspektive des Anderen zu sehen, und die Akzeptanz der eigenen Transpersonalität erfordern ein hohes Maß an Stärke und innerer Freiheit. Dem Einssein kann sich nur nähern, wer versöhnt mit dem eigenen inneren Du lebt. Denn hier beginnt ja auch die Begegnung mit dem Fremden, mit dem ganz Anderen, dem Unerkannten und Unerlösten. Grenzen werden sichtbar, die sich in uns aufbauen, düstere und unerfreuliche Seiten, die Einfluss nehmen auf das, was wir denken, empfinden und tun. Leben in der Erkenntnis und Empfindung des Einsseins bedeutet deshalb zunächst, mit unseren eigenen Wunden und Verhärtungen umzugehen.

Es bedeutet anzunehmen, dass wir bei allem Bemühen eingebunden bleiben in Prozesse der Verursachung von Leid auf dieser Erde. Wer sich hier seiner Tugend zu sicher ist, hat wohl keine. Wer die eigenen Schwächen und Tiefen nicht ausgelotet hat, wird auch mit denen anderer Menschen kaum angemessen umgehen können – wenn er sie denn überhaupt wahrnimmt. In der aufrichtigen und unvoreingenommenen Begegnung mit unseren Schatten und unserer Unvollkommenheit liegt die Chance zu ihrer Integration und Wandlung. Mit moralischem Blick kategorisieren wir unsere Untiefen schnell als ungut oder böse. Mit den Augen der Freiheit zeigen sie sich zunächst als reine Energie, die unterschiedlich ausgerichtet werden kann. In der angemessenen Ausrichtung vermag diese Energie einen Beitrag zur Heilung und zur Überwindung unserer innerer Grenzen und Widersprüche zu leisten. „Man wird nicht dadurch hell, dass man sich Helles vorstellt, sondern dadurch, dass man Dunkles bewusst macht." (Jung 1954, S. 370)

Es gibt kein widerspruchsfreies Sein, und Reife setzt das Eingeständnis der eigenen Fehler voraus. Leben im Horizont des Einsseins steht in einer dialektischen Spannung, in der das selbstbezügliche Ich lernen muss, sich an den Seinsbedürfnissen anderen Lebens immer wieder neu auszurichten. Unnachgiebigkeit in der eigenen Orientierung und in den eigenen Maßstäben macht stolz und hart. Sie gefährdet jede Begegnung; und sie lässt das eigene, nur noch in sich selbst kreisende Leben erstarren. Dieser Tod kommt schleichend, und er liegt mitten in dem, was manche Menschen Leben nennen.

Viele Irrwege resultieren aus den Haltungen des Habens und Festhaltens. Sie machen in destruktiver Weise aggressiv. Ständig gibt es etwas zu verteidigen – Sachen, lebende „Güter", Menschen, Ideen, Ideologien. Anhaften und Einssein schließen sich aus. Einfachheit kommt den mannigfaltigen Lebensbedürfnissen entgegen. Sie erhält die Freiheit, da zu sein, wo das Lebensnetz es erfordert.

Mit den eigenen Unvollkommenheiten umgehen zu lernen führt den suchenden Menschen in die Nähe des Lebens-Ethos. Dieser Prozess kommt nicht voran, ohne immer wieder zu scheitern. Scheitern geht der Entwicklung und dem Neuen voraus. Scheitern bricht, verletzt und schmerzt; und es öffnet neue Orientierungen und neue Spielräume. Nur wer das Scheitern erfahren hat und erfährt, kann mitempfinden, wo Scheitern sich ereignet, und möglicherweise Hilfe leisten. (Vgl. Eurich 2006)

Der Umgang mit den eigenen Unzulänglichkeiten und mit dem Scheitern gehört zur Veränderung und zum Wachstum. Ein Ethos des Einsseins hält somit beides im Blick und im Bewusstsein, aber nimmt es nicht als Maßstab. Denn keine Ethik, die sich primär an menschlichen Schwächen orientiert, taugt für einen universalen Entwicklungsauftrag. Das an sich Mögliche gehört in den Blickpunkt. Gleichzeitig muss jedoch die Wahrheit Berücksichtigung finden, dass jenseits aller generellen Aussagen und Erwartungen jeder Mensch zunächst für sich eine natürliche Einheit darstellt, mit ihren Zuständigkeiten und Möglichkeiten. „Wir retten oder verlieren uns selbst." (Teilhard de Chardin 1962, S. 172) Wir bilden bei aller Verbundenheit erkenntnis- und handlungsbezogen ein eigenes Universum, das in eigener Entscheidungsverantwortung steht und das in allen existenzialen Fragen auf sich rückverwiesen ist. So gesehen, tritt neben die Erfahrung des Scheiterns noch ein Weiteres – die unausweichliche Einsamkeit, die jeden trifft, der sich dem Prozess des Werdens in seiner ganzen Dynamik stellt. Entwicklung zeigt sich dann auch als Abschiednehmen und Weitergehen. Sie führt in die ständige Relativierung des Gegebenen und des in der Zeitlichkeit Vergehenden. Gerade die Menschen, die Lebenspraxis und Spiritualität als Einheit sehen und die Alltag und Gottsuche verschmelzen, gehen mit der Einsamkeit als vertrauter Wegbegleiterin. Sie sind Vorübergehende geworden, die ihr Herz nur bedingt an Vergängliches hängen.

Wir scheitern jedoch nicht nur an uns und unseren Möglichkeiten. Es gibt auch ein Scheitern, das determiniert ist und außerhalb der personalen Verfügungsgewalt und Entwicklungsfähigkeit liegt. Ge-

meint sind gesellschaftliche Strukturen, soziale, politische und öko-
nomische Ohnmachtsverhältnisse, die Spielräume entscheidend ver-
kleinern und Freiheitsregungen blockieren. Nicht das Wollen ist in
diesen Fällen unzulänglich, sondern das Können. Und viel Größe
liegt dann schon in einem Entscheiden und einem Handeln, das die
Richtung nicht aus den Augen verliert und sie hält. Diese Richtung
offenbart sich im Menschen durch die überzeitliche Gewissheit seiner universalen Verbundenheit, in der er steht, und durch seine Einzigkeit, die Möglichkeit des Irrtums und das Recht eines jeden auf
Irrtum eingeschlossen.

Dass immer eine Differenz zwischen dem ethischen Wollen und
dem lebenspraktischen Können liegt, will entsprechend der Endlichkeit des Menschen anerkannt sein. So wie auch der Irrtum und das
Scheitern ihre Existenzberechtigung, ja Existenznotwendigkeit
haben im Hinblick auf die Dialektik des Wachsens und Werdens.
Doch es bleibt eine Gegenkraft, die aller Bewegung sich widersetzt,
den Menschen lähmt und in die Verzweiflung führt. Acedia nannte
man sie in der Sprache der alten Theologie, und dort wurde sie zu
den sieben Kardinalsünden gezählt. Gemeint ist jene tiefe Traurigkeit eines Menschen, die ihn seinen göttlichen Kern nicht mehr
sehen lässt. Sie lähmt jeden Aufbruch, macht den Menschen schwer,
geistig unstet, rastlos und handlungsunfähig. Acedia zeigt sich nicht
unbedingt im Nicht-Tun. Bürgerlicher Fleiß steht ihr genauso wenig
entgegen wie die Unfähigkeit zur Muße. Vielmehr gibt sie sich in der
Verweigerung des Spirituellen und des Wachstumsauftrags, zu dem
wir fähig sind, zu erkennen. (Vgl. Pieper 1935, S. 54–63) Der
Mensch mutet sich das nicht zu, was er sein könnte. In der Acedia
wollen wir nicht wir selbst sein. Josef Pieper bezeichnet sie als den
„freudlosen und verdrießlichen borniert selbstsüchtigen Verzicht des
Menschen auf den verpflichtenden Adel der Gotteskindschaft."
(ebd., S. 59)
Die Acedia bedroht die ethische Existenz des Menschen. Die Un-
stetheit, die aus ihr folgt, die Gleichgültigkeit, der Kleinmut und

nicht zuletzt die blinde Hochmütigkeit führen letztlich in die Verzweiflung. Ihr depressives Endstadium können selbst die perfektionierten Ablenkungs- und Fluchttechniken der Gegenwart kaum noch überspielen oder gar verdecken. Denn was bleibt, wenn der Mensch seine Sehnsucht verloren hat oder sie konsequent verneint? Was bleibt, wenn mit der Sehnsucht sich die Hoffnung aufgelöst hat?

Es sind die Sehnsucht und die Hoffnung, die sich aneinander und die den Menschen immer wieder aufrichten in Phasen der vorübergehenden Entmutigung. Sie führen in die Spannung zwischen dem Schon-Jetzt und dem Noch-Nicht. Hoffnung hier meint tätige Hoffnung, meint Mitarbeit am Entwurf und der Verwirklichung des Selbst. Eine bloße Hoffnung als diffuse Erwartung ohne Eigenleistung kann demgegenüber nur tragisch scheitern. Ohne den persönlichen Beitrag im Moment wird sie gar zu einem Hindernis für das Zukünftige, in dem sie sich auf Zukunft hin versklavt und dabei die Gegenwart vergisst. Vor allem gerät sie aus der präsenten Gewissheit, dass zum Weiterschreiten jederzeit alles in uns vorhanden ist und jederzeit alles neu beginnen kann.

Die Spannung zwischen „schon jetzt" und „noch nicht" löst letzte Polaritäten auf. Sehnsucht nach dem Absoluten und gesellschaftliche Praxis, Mystik und Politik, das Streben nach der Erfahrung des Einsseins und die bedingte Handlung verschmelzen. Tun wird zum Nicht-Tun und Nicht-Tun zum Tun.

„Geheimnisvoll ist der Weg der Tat.
Wer in der Tat die Nicht-Tat sieht
und in der Nicht-Tat wiederum die Tat,
der ist ein Einsichtsvoller unter den Menschen,
gesammelten Geistes alle Taten verrichtend."
(Bhagavad Gita, 4. Gesang, 17. und 18.)

6.4 Die Begegnung mit dem Du

Es ist eine alte Erkenntnis, dass der Mensch in der Spiegelung durch das Du, dem er in Achtsamkeit und Offenheit begegnet, zum Ich geführt wird und zum Selbst wächst. In dieser Begegnung beginnt er zu verstehen, dass sein Ich Teil des Ganzen und er von diesem her zu identifizieren ist. Er sieht zudem, dass nicht nur er in der Welt aufgeht, sondern die Welt auch in ihm, wenn er es zulässt. Er steht praktisch in einem universalen Dialog, der alle vier Ebenen des Du mit einschließt und berührt.

Ebene 1: Wir begegnen dem Du in der Schöpfung – in den Elementen, den Pflanzen, den Tieren, den Gestirnen. Diese Begegnung lebt von der Anerkennung und Respektierung des Lebenswerten allen Seins. Wir hören etwa die Sprache des Baumes zwischen Verwurzelung und himmlischem Freiheitsdrang. Wir empfangen vom Licht der Gestirne die Botschaft der Unendlichkeit, wir lesen in den Augen eines Tieres das Ahnen der Sehnsucht. Alles erkennen wir als zugehörig zur universalen Geschwisterschaft.

Ebene 2: Wir begegnen dem Du im anderen Menschen. In dieser Begegnung mit dem uns Gleichen und in der Anerkennung des So-Seins des Anderen erfahren wir Befreiung zu uns selbst und unserer Gattung insgesamt.

Ebene 3: Wir begegnen dem Du in der göttlichen Welt. In dieser Begegnung mit den Quellen und den Zielen unserer Sehnsucht, mit dem Woher und Wohin unseren und allen Seins, wird unser Stolz relativiert. Wir erkennen das Verfügt-Sein und unsere Möglichkeiten, sehen, was uns unendlich übersteigt und wessen Teil wir zugleich sind. In der Kommunikation mit dem göttlichen Du dient als Sprache und Empfangsraum das Schweigen.

Ebene 4: Wir begegnen dem eigenen, inneren Du, unserem innersten Seins-Grund, der mit allem verbunden, ja eins ist. Erst diese Begegnung macht uns zum ganzen Menschen, bewahrt uns davor, zerrissen, ausgeliefert und ohnmächtig zu sein. In der Begegnung mit dem Selbst begegnen wir allem anderen wieder, bis hin zu dem Kern des Göttlichen, der auch unser eigener ist.

Der Stellenwert der Begegnung mit dem eigenen, inneren Du verdeutlicht den Stellenwert des eigenen Lebens. Die Ehrfurcht vor dem Leben schließt an zentraler Stelle die Ehrfurcht vor dem eigenen Leben mit ein. Die Ehrfurcht und Achtung vor dem kosmischen und geschöpflichen Teil meines Seins und Wesens spitzt die Ehrfurcht vor dem Leben erst in ihrer ganzen Tragweite zu. Sie verdeutlicht mir meine Bedeutung und meinen Stellenwert, meine Verantwortung und meine Grenzen, meinen Auftrag im Dienst am Ganzen! Nun gibt es kein Entrinnen mehr, denn nun stehe ich jederzeit durch das Bewusstsein meiner Selbst im universalen Kontext. Und Selbstmissachtung hieße: Einschränkung der Erkenntnisfähigkeit durch Bewusstseinsspaltung und Schwächung der Kräfte zum Verbundensein. Persönliche Stagnation hieße, die Entwicklung des Ganzen zu bremsen.

Dritter Teil

Der Weg der Achtsamkeit

Kommunikation als Basis, Raum und Gestalt der Begegnung

Der Mensch ist Kommunikation. Er wäre nicht ohne sie. Alles, was wir tun und nicht tun, bewusst und unbewusst, enthält eine Botschaft an unsere Umwelt, unsere Mitwelt und unsere Innenwelt. Kommunikation bezieht sich somit immer auf alle Ebenen der Begegnung mit dem Du. In ihr findet unsere Sehnsucht Ausdruck, sie kleidet uns auf dem Weg durch den Reigen der Schöpfung.

In der Intention und in der Weise des Kommunizierens findet das Ethos seine reinste Gestalt. Die nicht verletzende, vom Grundanliegen her gewaltfreie Kommunikation bildet das Fundament jeder humanistischen Ethik. Und durch Sprache, Haltung, Geste und Ausdruck tritt Spiritualität ins Leben, öffnet den Raum der Begegnung mit dem Göttlichen.

Die im Folgenden vorgestellten Überlegungen zu einer achtsamen und gewaltfreien Kommunikation richten sich in ihrer Ausformulierung an die zwischenmenschliche, personale Begegnung. Sie erheben jedoch auch den Anspruch einer Gültigkeit für die Begegnung zwischen Kulturen, Staaten und Religionen.

7 Kommunikation
als Miteinander-Teilen

Es gehört zu den Grunderfahrungen menschlicher Existenz, dass Kommunikation als Begegnung trotz allen Wunsches und allen Bemühens scheitert oder gar nicht zustande kommt. Die Gründe dafür sind sicherlich mannigfach. Sie haben biografische und/oder kulturelle und/oder generationenbezogene und/oder zeitliche und/oder emotionale Ursachen – um nur die wichtigsten zu nennen. Ein Aspekt jedoch überragt alle anderen. Er trägt die Verantwortung dafür, dass Kommunikation sich nicht als wechselseitige Begegnung ereignet: Es ist die Selbstbezüglichkeit, die Ich-Verfangenheit.

„Ich will Dir etwas sagen..."

„Ich will, dass Du mich verstehst..."

Es geht in der selbstbezüglichen Kommunikation immer um die Gedanken aus mir, in mir kreisend, a-sozial. Eltern-Kind-Beziehungen, Partnerbeziehungen, Generationenbeziehungen, Arzt-Patient-Beziehungen, Schüler-Lehrer-Beziehungen können davon befallen werden. Maskierte Begriffe verdecken dabei oft das unausgesprochene Ansinnen der Kolonisierung des Anderen.

„Schließlich meine ich es nur gut!"

„Du wirst schon sehen!"

„Es geht doch nicht um mich, sondern um Dich!"

Vielleicht ist an dieser Stelle die Erinnerung an das wichtig, was Kommunikation im Wesenskern meint. Zunächst: Alles, was wir tun und nicht tun, was wir sagen und verschweigen, wie wir uns geben und verhalten, ist Kommunikation. Leben heißt kommunizieren. Jeder Blick, jede bewusste oder unbewusste Geste, jeder Gesichtszug und jede Körperhaltung gehören dazu. Sie bringen etwas zum

Ausdruck. Zugleich verkörpert Kommunikation ungleich mehr als den bloßen Austausch von Informationen oder Daten. Sie ist an das ganze Person-Sein gebunden. Wenn sie gelingt, wird sie zur Mit-Teilung. Der Kommunizierende teilt seinem Gegenüber etwas mit und er teilt etwas mit ihm. Geteilt wird die Botschaft, seine und meine; geteilt werden Mimik und Gestik; geteilt wird die ganze Befindlichkeit inklusive der jeweiligen Leiblichkeit und ihrer wechselseitigen Wahrnehmung. In der Kommunikation als Miteinander-Teilen geht es um die gesamte soziale, leibliche und psychische Situation und eine entsprechende Präsenz. Aus den Teilen des Persönlichen und des Gemeinsamen entsteht in der Situation dann auch erst der volle Informationsgehalt.

Kommunikation schließlich stiftet Beziehung und hält sie am Leben. Und so steht in mancher Kommunikation unabhängig von dem Inhaltsaspekt der Beziehungsaspekt selbst im Zentrum.

Das umfassende, Ausdrucks-, Inhalts- und Beziehungsaspekte integrierende Wesen der Kommunikation macht diese hochkomplex und in der Folge äußerst störanfällig. Schließlich bringt sich jeder Mensch trotz allen Bemühens und aller Achtsamkeit auch immer mit hinein in die Begegnung – mit all seinen Wahrnehmungsspezifika, Emotionen, Verwundungen, Erwartungen, situativen Belastungen oder Hochphasen etc. Und das Gegenüber bringt sich gleichfalls mit. Kommunikation im Vorzeichen dieser Komplexität wird so zum Ringen um die gemeinsame Schnittmenge und ihre kontinuierliche Vergrößerung. Sie wird zur Arbeit an der Fläche und dem Raum, der eine möglichst große gegenseitige Resonanz ermöglicht, um dem Verfehlen einer Begegnung, der Vergegnung, vorzubeugen. Martin Buber hat in seinen Arbeiten über den Dialog herausgestellt, dass Begegnung sich umso tiefer und authentischer ereignet, je weniger Kommunikation als Belehrung stattfindet, in ihr also darauf verzichtet wird, auf den Anderen einwirken zu wollen. (Vgl. Buber 1962, S. 287) Begegnung in diesem Sinne richtet sich auf die Potentialität des Du, auf seine und auf die gegenseitige Ermöglichung. Achtung und Respekt gegenüber dem

Kommunikationspartner sowie in der Folge die Annahme und Wertschätzung seiner Persönlichkeit bilden das Fundament dazu. Einer Annahme des Du gleichwohl geht immer zunächst die Selbstannahme voraus. Trete ich mir und meinen Interessen bzw. meinen Bedürfnissen nicht mit Verständnis gegenüber, wird mir dieses in Ehrlichkeit und Tiefe auch kaum hinsichtlich des Anderen gelingen. Mich selbst und den Anderen im Prozess der Kommunikation wahrhaftig anzunehmen, das meint, zu mir und zu dem Du als Mensch Ja sagen. Vorgefasste Meinungen und Urteile prägen Begegnungen immer schon vor. Sie sind deshalb Gift für diesen Prozess. Die auf Begegnung gerichtete Selbstannahme und Annahme des Du stärken den unverzichtbaren Willen zur Verständigung. Zu diesem Willen gehört gleichfalls, dass ich in der Verpflichtung stehe, mir die notwendigen kommunikativen und sprachlichen Mittel anzueignen, die Voraussetzung für eine umfassende gegenseitige Verständigung und ein gegenseitiges Verständnis sind. Der Arbeit an der kommunikativen Kompetenz kann sich niemand, der einen kommunikationsethischen Selbstanspruch verfolgt, entziehen. An dieser Kompetenz hängen alle Dimensionen von Echtheit, Wahrhaftigkeit, Erkennen und Einsicht.

Achtsamkeit und feinsinnige Bewusstheit nach „innen" und nach „außen" bilden die Schlüsselkoordinaten einer Schule kommunikativer Kompetenz. Nicht nur das, was wir als Wirklichkeit bezeichnen, ist gemäß den Feldenergien unseres Bewusstseins immer mehrdimensional und mehrdeutig. Multiple Wertvorstellungen und Beurteilungsmaßstäbe begegnen uns in nahezu jeder kommunikativen Situation und Begegnung. Sollen Krisen vermieden oder gelöst werden, erfordert diese Komplexität eine in der Tiefe verstehende (hermeneutische) Zuwendung zur jeweiligen Situation in Raum und Zeit und zur Vielfältigkeit und Deutungsheterogenität der (aus)gesprochenen Sprache.

In der Achtsamkeit bezüglich unserer Wirklichkeitswahrnehmungen trennen wir Beobachtung und Bewertung. Diese Trennung betrifft sowohl jede unmittelbare Wahrnehmung/Wahrnehmung erster Ordnung als auch die Wahrnehmung von uns selbst. Wir beobachten uns gleichsam in unserer Rolle als Beobachter und schaffen damit die notwendige Distanz zu dem Eigensinn, der ja auch jede unserer eigenen Beobachtungen prägt und zu verfremden vermag.

Wahrnehmung erschafft alle Vorstellungen und Bilder von Wirklichkeit. Wir sehen und erkennen, was wir uns selber geschaffen und als Möglichkeiten des Erkennens herausgebildet haben. Die menschliche Wahrnehmung und die Koordinaten der Wahrnehmungsmöglichkeiten befinden sich in einem infiniten Prozess der Veränderung. Diese Veränderung kann regressiv und verhärtend sein. Auf der Basis der Reflexion und Integration des Wahrgenommenen allerdings sichert sie Offenheit, Lern- und Entwicklungsfähigkeit. Die kontinuierliche Schulung der Wahrnehmungsorgane, und zwar der äußeren sowohl als auch der inneren, geistigen, bildet den Humus für diese Entwicklung. Sie sichert auch die Entkettung aus einem oft versklavenden System von Bewusstseinsprogrammierungen, die auf unsere Erinnerungen zurückzuführen sind.

Achtsamkeit, Wahrnehmungstiefe und (Selbst)Reflexivität erschaffen Kommunikation, erschaffen Sprache, Mimik und Gestik immer wieder neu – und zwar sowohl im Ausdruck als auch in dessen Deutung. Sie entwerfen und gestalten Kommunikation als einen eigenen Lebensraum. Sie gehen einem wirklichen Sich-Einlassen auf das Gegenüber, den Anderen, das Du, wie Martin Buber es umschrieben hat, voraus.

„Wo aber das Gespräch sich in seinem Wesen erfüllt, zwischen Partnern, die sich einander in Wahrheit zugewandt haben, sich rückhaltlos äußern und vom Scheinenwollen frei sind, vollzieht sich eine gemeinschaftliche Fruchtbarkeit. Das Wort ersteht Mal um Mal substantiell zwischen den Menschen, die von der Dynamik eines elementaren Mitsammenseins in ihrer Tiefe ergriffen und erschlossen werden. Das Zwischenmenschliche erschließt das sonst Unerschlossene." (Buber 1962, S.295)

Dieses Unerschlossene offenbart sich gleichwohl nicht nur im Wort und im auf das Wort bezogenen Verständnis und Vertrauen. Es drängt ans Licht auch in der verständnisvollen Stille, die immer dann an die Stelle des Wortes tritt, wenn es um das Erspüren des Geheimnisvollen geht, das an Sprache doch nur zerschellen würde. Denn das sollte immer im Bewusstsein bleiben, dass Sprache, bei aller Kostbarkeit und Vielfalt doch immer der Ausdruck der Endlichkeit und des Endlichen bleibt.

8 Empathische Diskurse

Dreizehn Meilensteine gewaltfreier Kommunikation

Kommunikation, die dem Anspruch einer Begegnung in Tiefe und des Miteinander-Teilens gerecht werden möchte, steht in der Grundanforderung der Gewaltfreiheit. Worte dürfen dann nicht als Waffen missbraucht werden; Dialoge verbinden sich nicht mit dem Wollen, als Sieger aus einem Gespräch hervorzugehen. Die folgenden Basiskriterien richten sich an diesem Axiom aus. Als Leitwerte gelingender Kommunikation stellen sie Idealpositionen dar. Selbstredend müssen auch sie mit dem Grunddilemma menschlichen Handelns klarkommen, nämlich dass zwischen das Ideal und die Wirklichkeit immer der Schatten unserer Bedingtheit und Unvollendetheit fällt.

8.1 Wahrhaftigkeit

In allen großen Weisheitslehren und den heiligen Schriften der Religionen begegnet uns das Gebot der Wahrheitsliebe und der wahrhaftigen Rede. Ohne den Mut zur Wahrheit und ohne wahrhaftiges Denken, Sprechen und Sich-Verhalten zerbricht jede Form des Miteinanders, oder sie kommt erst gar nicht zustande. So selbstverständlich und so uralt diese Erkenntnis ist, muss sie doch immer wieder neu, in jeder Zeit und für jede Generation neu ausgesprochen und als Lebenspraxis eingeübt werden. Dieser Übungsweg ist nicht selten schmerzhaft – für alle beteiligten Seiten. Und er erfordert erhebliche

Überwindung. Mahatma Gandhi schreibt: „Das einzige wirkliche Unglück ist, den Pfad der Wahrheit zu verlassen. Wenn ihr das nur einseht, dann wird euer Gebet zu Gott immer sein, er möge euch die Kraft geben, ohne Schwanken jede Probe und jede Härte zu bestehen, die euch in der Verfolgung der Wahrheit begegnen mögen... Wahrheit schadet nie einer gerechten Sache." (Gandhi 1968, S. 103/105)

Was aber ist Wahrheit? Und welche Wahrheit ist es dann?

Der Absolutheitsanspruch einer für alle Menschen gültigen Wahrheit kann – singuläre, faktische und intersubjektiv überprüfbare Gegebenheiten oder Ereignisse einmal ausgenommen – wohl nie eingelöst werden. Eine in sozialen Kontexten stehende und kommunizierende Person existiert, beobachtet, erklärt und urteilt immer an den Standort gebunden. Wahrheitsansprüche sind so per se uneinlösbar. Um Wahrheit als ein absolutes Gut also kann es in der Kommunikation nicht gehen. Was möglich ist, ist das Streben nach Wahrhaftigkeit und den immerwährenden Versuch des Ringens um eine teilbare „Wahrheit" als Verständigung.

Dieses Streben braucht das Wollen und die Kompetenz des Kommunizierenden und Argumentierenden, sich die notwendigen sprachlichen und ausdruckbezogenen Mittel anzueignen und sie kontinuierlich zu verfeinern. Reinheit, Klarheit und Logik in der Sprache bilden als Elemente der Verständlichkeit das Fundament von Wahrhaftigkeit. Sie liegen der Eindeutigkeit verwendeter Worte, Begriffe und Ausdrucksweisen zu Grunde und beugen zugleich dem Problem vor, sich selbst zu widersprechen. Zur Kompetenz gehört in diesem Kontext, sich der Prägung der eigenen Sprache durch die biografischen und kulturellen Bezüge, in denen ich stehe, bewusst zu werden. Die Reflektion dieser Bezüge schwächt die allseits präsente Versuchung, sich in Selbsttäuschungen, bequemen Falschheiten und tröstlichen Illusionen einzurichten. Sie weist den Weg zu der mir möglichen Authentizität und Aufrichtigkeit. Es wird oft übersehen, dass auch bei so genannten sachlichen oder sachbezogenen

Auseinandersetzungen und Klärungsprozessen es als geradezu existentiell anzusehen ist, seine doch immer präsenten Gefühle, Erwartungen, Hoffnungen und Ängste zu kommunizieren, genau wie die Selbst- und Fremdbilder, die ich in mir trage. Erst die Teilhabe des Anderen an diesen meinen Innenwelten macht mein Wort für ihn aufrichtig und wahrhaftig. Ansonsten kunstvoll kaschierte Fundamentalismen entblößen sich so selbst.

8.2 Geist des Nichtverletzens

Auf der Kehrseite der Wahrhaftigkeit liegen die Lüge und ihre Vorstufen: hohle Phrasen, Gerüchte, Gerede um des Geredes willen. Es sind Worte ohne Wurzeln. Und jedes hinterlässt, wenn auch gelegentlich nicht sofort spürbar und ersichtlich, eine Wunde auf beiden Seiten, der des Adressaten und der des Verursachers. Wahrhaftigkeit ist deshalb, trotz der Klarheitsschmerzen, die auch sie bereiten kann, der Schlüssel für jede nichtverletzende Kommunikation. Zur Kunst dieser Kommunikation gehört allerdings auch, keine neuen Wunden im Namen der Wahrhaftigkeit zu reißen. Zwischen dem Erkennen der Wahrheit, der Verhinderung ihrer Beugung und der Notwendigkeit, sie tatsächlich auszusprechen, liegen erhebliche Spielräume. Wer versagt und dies erkannt hat, dem brauche ich es nicht noch zusätzlich ins Gesicht zu sagen. Den Verwundeten und Enttäuschten muss ich nicht mit seiner Situation wiederholt konfrontieren. Solche ausgesprochen „Wahrheiten" heilen nicht, und sie führen selten zu einem Erkenntnis- und Verhaltensfortschritt. Wesentlich im Sinne des Nichtverletzens ist der Einsatz der Sprache als das Sehen von Spielräumen: Was muss jetzt gesagt werden, was hängt von der Situation ab, wo liegt im Schweigen – nicht dem Verschweigen – der heilsamere Weg? Notwendige Kritik schließlich kann immer als Klarheit durch Beschreibung einer Situation geäußert werden. Sie bedarf keiner zusätzlichen Urteile.

Es gibt allerdings auch ein missverstandenes Nichtverletzen durch Kommunikation. Das Bemühen, Menschen ja nicht bewusst zu verletzen, die ständig eine erhöhte Verletzbarkeit, Überempfindlichkeit und Kränkbarkeit signalisieren, gesteht diesen Personen – vor allem in Gruppenkontexten – eine unangemessene Machtposition zu. Gleichzeitig führt es zu chronischen und oft unterschwelligen Konfliktsituationen. Die Instrumentalisierung von Schwäche und Ohnmacht ist weit verbreitet. In Partnerbeziehungen, im sozialen Miteinander und selbst auf zwischenstaatlicher Ebene bedienen sich Menschen und Gruppen der Ohnmachts- und Opferrolle, um Vorteile zu erzielen. Wer empört sich schon gegen den, der seine – oft inszenierte – Handlungsunfähigkeit zur Schau stellt und mit ihr kokettiert? Mit der Schwäche als Macht, ja Gewalt, soll erreicht werden, was anders nicht erreichbar schien. Hinter heuchlerischer Ohnmacht lauert immer ein verdeckter und unausgesprochener Machtanspruch. (Vgl. Eurich 2006, S. 20ff.) Zum Nichtverletzen in einem weiteren Sinne gehört deshalb die Thematisierung der missbrauchten „Schwäche".

8.3 Empathie

Empathie hebt als spezifischer Wahrnehmungsakt in das Bewusstsein, was Menschen verbindet, und sie aktiviert diese Verbindung. Sie bewegt sich vorsichtig tastend zwischen Nähe und Distanz, Fremd- und Selbstwahrnehmung, Ich- und Wir-Verständnis. Umschreiben lässt sich diese behutsame Bewegung als Zeugenschaft, die bemüht ist, Vergleiche zu vermeiden. Als Zeuge bin ich zunächst nicht an einer auf den Anderen gerichteten Problemlösung beteiligt. Vielmehr suche ich die Begegnung mit dem, was das Du bewegt. Für den empathischen Zugang zum anderen Menschen ist die Reduktion auf den Akt der Begegnung grundlegend. Sie macht die Empathie unterscheidbar vom Mitleid. Der fremde Schmerz, den ein Mensch

130

einfühlsam wahrnimmt, darf nicht zu seinem eigenen werden, wenn er eine Situation und die Anteile anderer Menschen daran verstehen und in der Folge angemessen darauf reagieren will. Werden fremde zu eigenen Gefühlen, löst sich die für die Zeugenschaft unverzichtbare Beobachterperspektive auf. Die Koordinaten verschieben sich hin zu Sympathie oder Antipathie. Die Tiefe des Verstehenwollens mündet allzu leicht darin, sich gemein zu machen oder zu verurteilen. Die Kunst der Empathie besteht jedoch darin, zu verstehen, ohne das Verstandene zu rechtfertigen oder zu entschuldigen; zu verstehen, ohne sich in Abscheu abzuwenden; zu verstehen, ohne die Unterscheidung in Opfer und Täter, wenn solche Rollen bestehen, zu nivellieren. Der Versöhnungsprozess im Südafrika der Post-Apartheid-Ära kann hierfür als historisch herausragendes und gelungenes Beispiel gesehen werden. Dieses Beispiel zeigt auch, dass bei aller Verhärtung und einer über Generationen gewachsenen Abgrenzung empathische Prozesse und empathisches Verhalten lernbar sind.

Das einfühlende Verstehen, das wir Empathie nennen, setzt die Bereitschaft zur Ausrichtung auf das Gegenüber und es setzt Empfänglichkeit voraus. Es lebt von der intrinsischen Bereitschaft, das zunächst möglicherweise Fremde, Ungewohnte und auch Unverständliche trotzdem verstehen zu wollen. Es erfordert die Fähigkeit, zwischen Fühlen, Denken und Analysieren permanent zu wechseln. Im Wechsel der Beziehungsfaktoren werden dann Bedeutungs- und Verhaltensmuster des Gegenübers transparenter. Erschwert wird dieser hochkomplexe Verstehensprozess noch dadurch, dass wir es bei den Personen, denen wir uns zuwenden, ja nicht mit kontext- und geschichtslosen Individuen zu tun haben. Vielmehr lebt der, den ich verstehen will, immer zugleich in unterschiedlichsten kulturellen, gesellschaftlichen und sozialen Rollen und ihn prägenden (sozial)psychologischen Mustern. Auch diese Faktoren gilt es in einem gleichsam hermeneutischen Prozess zu erfassen und mit zu bedenken. Dass diese Faktoren nicht selten zusätzlich in direkter Konfrontation zu denen des empathischen Beobachters stehen, weist auf ein Folgeproblem hin. Bevor ich in der Lage bin, die Erlebnisse, Gefühle und das Selbstbild des Anderen zu verstehen, muss ich mich selbst erkannt und verstanden haben, um Überlagerungen, Projektionen und blinden Flecken so weit wie möglich vorzubeugen, aber auch, um die Gründe zu verstehen, wenn eigene Emotionen das Fremdverstehen blockieren. Die Reflektion der eigenen Wahrnehmungskoordinaten gehört zu diesem Vorgang des Selbstverstehens und damit die Folge des Fremdverstehens. Denn die Schleusen der Wahrnehmungen kontrollieren u. a., inwieweit Freude und Schmerz uns erreichen. So wirken auf negativen Wahrnehmungen basierende Schmerzerfahrungen als Filter, wenn Ähnliches sich ereignet. Unbewusst gesteuerte Sinne agieren als innerer Schutzmechanismus zur Abwehr von Schmerz und Leid als konsequente Gatekeeper der Wirklichkeit.

8.4 Hören

Menschen, die ihre kommunikative Kompetenz im Beruf oder für unterschiedliche politische und/oder soziale Funktionen verbessern wollen, können in unterschiedlichsten entsprechenden Kursangeboten lernen, sich in Sprache, Mimik und Gestik angemessen auszudrücken. Selten aber werden sie mit der immer zunächst erforderlichen Anforderung konfrontiert, sich im rechten Hören zu üben. Hören ist in unserer Kultur zu einem nahezu vergessenen Kulturgut geworden.

Das rechte Hören verlangt mehr als bloßes Nicht-Sprechen, als äußeres Still-Sein. Sich etwa innerlich bereits mit Reaktionen auf das zu beschäftigen, was das Gegenüber gerade sagt, sich also in der, wenn auch nicht ausgesprochenen Gegenrede zu üben, hat mit Hören in seiner Vollgestalt kaum etwas zu tun. Gesammeltes Hören beruht auf gesammeltem, tiefem Schweigen. Es schweigt das innere Mitsprechen, es schweigt das innere Argumentieren, noch während das Du spricht. Solches Schweigen sagt ja zum anderen. Solches

Schweigen ist Hören mit der Seele. Es gibt der Rede Sinn und ermöglicht dem Wort des Anderen das Gewicht, das ihm zusteht. Zuhören entfaltet schöpferische Energie. Es ermöglicht den, dem ich zuhöre, und es ermöglicht mich. In der Tiefe des Hörens entsteht der Raum, der ins Werden bringt, was ansonsten blockiert bliebe. Zuhören kann als Korrespondenzbegriff für Respekt und für die Annahme des Du gesehen werden. Es stellt jenseits aller Rollen, aller Bezüge und aller Befindlichkeiten eine Verbundenheit in der Situation her.

Die im Hören erweckte schöpferische Energie kann sich dann uneingeschränkt ausdehnen, wenn der Hörende lernt loszulassen: Hoffnungen, Wünsche, Ängste, Erwartungen, Erinnerungen, Urteile, Bewertungsmuster, bloße Vermutungen und voreilige Schlüsse. Dann kommen auch die ansonsten schnell überhörten Nuancen in das Feld der Wahrnehmung.

Dem wahrhaften Hören dient die Entschleunigung der Kommunikation. Langsamkeit erleichtert Präsenz. Sie schafft den Raum für die notwendige Tiefe der Wahrnehmung und wird so zur Voraussetzung für Reflektion.

Als Mutter von Entschleunigung und Reflektion können wir die Stille sehen. Stille unterbricht das Sprechen. Wenn sie eintritt, können Menschen ihre eigenen inneren Stimmen vernehmen und Sensibilität für die der Kommunikationspartner entwickeln. Dann vermögen sie das Geheimnisvolle, auch im Du, zu erspüren, das ansonsten so schnell an der Sprache zerschellt.

Bewusst gewählte Stille zwischen den Worten unterbricht den Fluss der Rede und Gegenrede. Sie bereitet darauf vor, wieder neu in Tiefe zu hören. Aus ihr kommt das klare und autoritative Wort. Für Gespräche kurze Momente der Stille zwischen den Beiträgen Einzelner zu vereinbaren, erleichtert zudem die Umsetzung des Grundsatzes, dass miteinander sprechen nacheinander sprechen meint. Die Bedeutung entsprechender Vereinbarungen sollte nicht unterschätzt werden. Gerade in Entscheidungssituationen, die mit einem entsprechenden inneren Druck verbunden sind, bewahren sie den Spielraum dafür, dem Gegenüber in Offenheit zugewandt zu bleiben und sich selber gehört zu wissen. Dieser Effekt des Sich-gegenseitig-angenommen-Sehens kann durch responsives Hören noch verstärkt werden: Bevor einer der Gesprächspartner seine Antwort oder seinen Beitrag formuliert, wiederholt er das von dem Du Gesagte in seinen eigenen Worten. So weiß das Gegenüber, was man verstanden hat, und kann zugleich der eigenen Aussageintention angemessene Korrekturen einbringen.

8.5 Präsenz

Präsent sein heißt, unmittelbar im Jetzt und in der gegenwärtigen Situation zu leben. Höchste Aufmerksamkeit, Wachheit und innere Ausrichtung gehören genauso dazu wie der Respekt bezüglich des Du und eine daraus erwachsende Achtsamkeit. Präsenz schenkt Intensität in einen Kommunikationsprozess. Dem Gegenüber wird sie spürbar als das Wissen darum, beieinander und miteinander in der Situation zu stehen, wechselseitig und verlässlich verbunden zu sein. Die tägliche Übung der Kontemplation dient als Schule für diese Präsenz, in der Innen und Außen und die aus beiden erwachsende Wahrnehmung integral verschmelzen.

8.6 Offenheit

Wahrhaftige und authentische Kommunikation fordert nicht. Die Kommunikationspartner teilen sich mit, hören und empfangen. Sie sehen die Kommunikation als vollzogene Partnerschaft, auch wenn sich anschließend die Wege wieder teilen. Vorzüge durch gesellschaftliche Stellung, Bildung oder Sprachfähigkeit werden nicht gegeneinander ausgespielt, und es werden keine sichtbaren oder unsichtbaren Kommunikationsbarrieren errichtet. Kommunikation im Geist des Nichtverletzens und im Dienst an der Wahrhaftigkeit will nichts vom Kommunikationspartner. In einer Abhandlung über das Gespräch schrieb Albrecht Goes 1954:

„Wie wir einen Wald nur dann richtig sehen, wenn wir ihn nicht kaufen, nicht abholzen, nicht fotografieren wollen, so werden wir auch mit unserem Wort nur dann über die aufgerichteten Zäune hinübergelangen, wenn uns keine willentliche Absicht einschränkt oder verwirrt. Dem echten Gespräch ... geht es ganz und gar um dich und mich und nicht um etwas von dir und mir ... von keiner Willentlichkeit verwirrte Liebe – die allein würde erkennen ... So will denn das Gespräch den Partner nicht anders haben und auch nicht anders machen, als er ist." (Goes 1954, S. 16 f.)

Das also meint wahre Offenheit im Gespräch: vorübergehender Verzicht auf die Vormachtstellung der eigenen Kategoriensysteme und daraus abgeleiteter Meinungen und Urteile. Sie wären Gift für jegliche Wahrnehmung, Selbst- und Fremdwahrnehmung und alle daraus resultierenden Folgen und Folgefolgen. Auch wenn es ein oft uneinlösbarer Anspruch scheint, die eigenen Gefühle und Bewertungen situativ außer Kraft zu setzen, so können große Schritte in diese Richtung bereits dadurch gegangen werden, dass ich sie mir bewusstmache und gleichsam wie in einem Spiegel anschaue. (Vgl. Hartkemeyer 2005, S. 43) Von für das Gespräch geradezu existentieller Bedeutung ist die Suspension von Macht-, Herrschafts-, Dominanz- und/oder Unrechtsbeziehungen. Von beiden Seiten fordert sie Außerordentliches, wenn Herrschaftsbewusstsein und Herrschaftsansprüche auf der einen Seite mit Verwundungen und/oder Ohnmachtsempfindungen auf der anderen Seite verbunden sind. Zu der situationsbezogenen Auflösung von Machtverhältnissen gehört aber auch bereits, hinsichtlich der kommunikativen Begegnung Kontrollansprüche beiseite zu legen. Kontrolle zwingt Verhaltensmaßregeln auf. Sie maskiert Unsicherheit.

Gelingt es, diese soziale Ebene von Offenheit herzustellen, dann kann sich auch wahre inhaltliche Offenheit und Artikulationsoffenheit einstellen, und es entsteht der Spielraum für Überraschungen.

Schließlich muss Offenheit auch als Chancengleichheit im Zugang zu einem Gespräch bzw. einem kommunikativen Prozess gesehen werden. Oft kommt es ja bereits dadurch nicht zur Konfliktbearbeitung und Konfliktlösung, weil einzelne Menschen oder Menschengruppen erst gar nicht zu den Prozessen der Klärung und Verständigung zugelassen werden. Es liegt also auf dem Weg einer achtsamen und nichtverletzenden Kommunikation, bereits im Vorfeld an der Konstruktion des Rahmens und der Erschließung des Raumes mitzuwirken, in den der Andere dann mit dem Bewusstsein, respektiert und angenommen zu sein, eintreten kann.

8.7 Dialog statt Debatte

Stoßen Menschen in der medialen Öffentlichkeit aufeinander, um sich gemeinsam einer Frage, einem Thema zuzuwenden, kann Gemeinsamkeit selten wahrgenommen werden. Eher dominiert die Auseinandersetzung, der Versuch, dem Anderen seine Meinung aufzuzwingen oder doch zumindest mit Vorteilen aus der Debatte hervorzugehen. Die Debatte ruft nach Siegern und Verlierern. Sie stellt eine Weise des argumentativen Krieges dar. Nicht nur Stammtische, auch Bildungseinrichtungen und vor allem die so genannten Volksvertretungen sind beherrscht von diesem Virus, der auch vor den engsten und intimsten sozialen Räumen, wie Partnerschaft und Familie, nicht Halt macht. Das oberste Ziel besteht in der Durchsetzung der eigenen argumentativen Muster und damit verbunden der eigenen Interessen.

Grundlegend anders stellt sich das wertschätzende und nichtverletzende Gespräch dar. In ihm wollen Menschen sich begegnen und nicht belehren. Sie sind bereit, sich vor- und füreinander zu öffnen, sich aufeinander einzulassen, die Ausdrucksweisen des Gegenübers zuzulassen und bei ihrer Erschließung zu helfen. Die Begegnenden sehen sich in ihrer Unterschiedlichkeit und Andersartigkeit und gestehen sie sich gegenseitig als ursprüngliches Recht zu. Diese Grundtoleranz grenzt nicht aus, sondern hält, soweit möglich, den Partner im Gespräch.

In den vergangenen Jahren und Jahrzehnten ist eine Vielzahl entsprechender Kommunikationskulturen entstanden. In ihrem Zentrum steht die Einübung gewaltfreier, herrschaftsfreier, von Offenheit und Begegnung geprägter Weisen des Diskurses. Besonders hervorzuheben ist dabei das auf den Physiker David Bohm (1917–1992) zurückgehende Konzept des „Dialog". (Vgl. Hartkemeyer 2005) Mit ihm können u.a. Prozesse untersucht werden, die eine wahrhaftige und authentische Kommunikation zwischen Menschen, zwischen Mitgliedern einer Organisation oder auch Nationen erschweren bzw. stören oder gar zerstören. Der Dialog ist bewusst keine Form der Diskussion oder Debatte, sondern eine Plattform für Erfahrungs- und Lernprozesse, eine Gruppenaktivität zur Gesundung der Kommunikationsverhältnisse in unserer Kultur. Die Entdeckung individueller Voraussetzungen, Ideen, Überzeugungen und Gefühle, die unterschwellig jede Interaktion bestimmen, gehört genauso dazu wie die Beobachtung verdeckter und maskierter Wertungen und Intentionen in der Prägung unseres Verhaltens. (Vgl. Bohm 1995, S. 6)

„Dialog", das meint im Ursprungssinn des griechischen Wortes, durch (dia) die Bedeutung und das Wort (logos) hindurch zu sehen und zu spüren. Im Dialog-Prozess kommen alte Gesprächsrituale zu neuer Bedeutung. der Stein oder der Stab, den der Redende in der Hand hält, sichert ihm das Recht der alleinigen Rede. Und es sichert ihm alle Aufmerksamkeit und innere Zuwendung, hilft beim wahren Hören. Die Klangschale, die jeder Teilnehmer jederzeit anschlagen kann, um den Gesprächsprozess zu unterbrechen, schenkt für einen Moment der gesamten Gruppe eine Denk- und Verarbeitungspause. So wird Entschleunigung möglich und es geschieht gleichzeitig eine Verbesserung der Reflektionsbedingungen – nicht zuletzt hinsichtlich meiner eigenen Empfindungen, Gefühle und Motivationen. So erhalte ich eine Chance, die Sprachmuster und die Sprachkultur von mir und dem Anderen besser zu verstehen. Es wächst die Sensibilität auch für die inneren Stimmen anderer Menschen, für das so oft vergessene oder übergangene lautlose Wort des Du. Leicht identifiziert man dann schon einmal ein Ja als eigentliches Nein und das zögerliche Nein als ein Ja, das auszusprechen sich verbot.

Im wahrhaften Dialog schreiben sich Selbstannahme und Fremdannahme kontinuierlich und integral fort. Auf dem Weg zu einer neuen Kultur gewaltfreier Kommunikation kann dem Dialog-Prozess und verwandten Kommunikationsweisen eine ähnliche Bedeutung zukommen wie der Kontemplation. In beiden geht es letztlich um ein Sich-ereignen-Lassen, um Vertrauen in die Selbstorganisation von transkognitiven und transzendentalen Feldprozessen. Der Geist erhält den Raum, sich bemerkbar zu machen und sich zu entfalten, personal und transpersonal.

8.8 Ambiguitätstoleranz

Wirklichkeit ist kontingent, unsicher, uneindeutig und widersprüchlich. Der Widerspruch bewegt als Motor die geistige und kulturelle Evolution. Jedes bewusste Gespräch, jeder tiefe Dialog führen in die Erfahrung, dass es keine Aussage, keinen Satz gibt, der nicht sein Gegenteil schon immer in sich trüge. Wenn wir also in der Wahrhaftigkeit nach Wahrheit streben, so kann dies an dieser Stelle nichts anderes meinen, als zu lernen, mit Widersprüchen nicht nur zu leben, sondern sie als Teil und aufgehoben in einer Wirklichkeit zu sehen, die größer ist als die meiner eigenen Weltbildkonstruktion. Anders gesagt: Das eilige Streben nach Eindeutigkeit führt an Vereinfachungen, Blindheiten und schablonenhaftem Denken vorbei. Ambiguitätstoleranz hält demgegenüber aus. Sie erträgt den Widerspruch, auch wenn es schmerzt. In ihr respektiert der Kommunizierende, dass es, bezogen auf dieselbe Frage Antinomien, also unvereinbare und doch jeweils in sich stimmige Wahrheiten geben kann. Für die Glaubenssysteme von Religionen oder die Programme weltanschaulicher Organisationen und politischer Parteien erscheint das selbstverständlich und weitgehend anerkannt. Die Probleme beginnen aber zumeist bereits im Kleinen, in einer Beziehung, zwischen Eltern und Kindern, innerhalb eines Betriebes.

Ambiguitätstoleranz heißt mehr als passives Tolerieren. Nicht voreilig Gewissheiten zu konstatieren, schließt die aktive Auseinandersetzung mit Unterschieden und Differenzen ja nicht aus. Im Gegenteil. Wahrhaftigkeit fordert dies unmissverständlich ein. Es geht um die Weise des Ringens und des Klärens; es geht um meine Bereitschaft, Standpunkte zu riskieren; es geht um die Selbstsicherheit, die sich im Loslassen findet und bestätigt; es geht um einen sich stetig erneuernden und weiterführenden Lernprozess.

8.9 Vorwürfe ertragen

Verbale Angriffe anderer Menschen, Vorwürfe, die uns entgegengeschleudert werden, in den öffentlichen Raum gestellte Verleumdungen, grobe Zurückweisungen – sie torpedieren schnell und gründlich die fragile Konstruktion der Gewaltlosigkeit und des Nichtverletzens. Im Herzbereich unseres Selbstwertgefühls getroffen, wehren wir uns und reagieren. Manchmal ist dies unvermeidbar, um Dinge klarzustellen, Irrtümer aufzuklären und damit weiteren Irrungen vorzubeugen. Oft entfacht jedoch erst die Reaktion das Feuer des Streits und der folgenden Gewalt in Sprache und möglicherweise dem Verhalten insgesamt.

Gegen Missgunst, Neid und das gezielte Verletzen-Wollen hilft kein Argumentieren. Wie bei schon im Vorhinein feststehenden Urteilen bewährt sich eine nichtverletzende Kommunikation im Zweifelsfall durch Hinnahme und Ertragen. „Nimm Schande mit

Ehrfurcht hin", ermahnt das Tao Te King (13). Und über die Anklagen gegenüber Jesus vor dem Hohen Rat und vor Pilatus lesen wir im Evangelium des Markus:

„Viele gaben falsches Zeugnis ab gegen ihn; aber ihr Zeugnis stimmte nicht überein... Und der Hohepriester stand auf, trat in die Mitte und fragte Jesus und sprach: Antwortest du nichts auf das, was diese gegen dich bezeugen? Er aber schwieg still und antwortete nichts." (14, 57–61) „Und die Hohenpriester beschuldigten ihn hart. Pilatus aber fragte ihn abermals: Antwortest du nichts? Siehe, wie hart sie dich verklagen! Jesus aber antwortete nichts mehr, so dass sich Pilatus verwunderte." (15, 3–5)

Fjodor M. Dostojewski (1821–1881) greift in seinem Roman „Die Brüder Karamasow" dieses Motiv neu auf. Im sechzehnten Jahrhundert lässt er den wiedergekehrten Jesus dem greisen Kardinal – Großinquisitor gegenüberstehen. Der hält ihm in einem atemberaubenden Monolog sein Evangelium, sein Wort und sein Tun als der menschlichen Natur nicht angemessene, ja verheerend wirkende Irrlehre vor.

„Als der Inquisitor geendet hatte, wartete er eine Weile, was sein Gefangener ihm antworten werde. Dessen Schweigen lastete auf ihm. Der Gefangene hatte ihn die ganze Zeit über angehört, durchdringend und still ihm gerade in die Augen schauend und offenbar ohne jedes Verlangen, irgendetwas zu entgegnen. Der Greis aber hätte gewünscht, er möchte ihm etwas sagen, sei es auch etwas Bitteres, etwas Furchtbares. Er aber näherte sich plötzlich dem Greis und küsste ihn schweigend auf die blutleeren neunzigjährigen Lippen. Das ist die ganze Antwort. Der Greis erzittert." (Dostojewski 1986/1921, S. 450 f.)

Das Ertragen von Vorwürfen und Anfeindungen erscheint in einer auf Auseinandersetzung, Konkurrenz und Durchsetzungsfähigkeit beruhenden Gesellschaft zunächst leicht als paradox und schräg, vor allem aber als Zumutung. Neben seiner deeskalierenden Qualität trägt es jedoch, gerade auch auf allen Ebenen der Erziehung, Potenzen der Erkenntnis und damit der Heilung in sich, die anders kaum freizusetzen sind. In der Hinnahme und dem Ertragen seines Vorwurfs werfe ich das Gegenüber auf sich selbst zurück. Es kann sich nun nicht an meiner Gegenreaktion abarbeiten, es muss in seiner Erregung bei sich selber und seinen eigenen Aussagen bleiben. So kann es am tiefsten lernen, nämlich durch sich selbst, durch die nun nahezu unvermeidbare Konfrontation und Auseinandersetzung mit dem, was es gesagt hat, und mit den Gründen und Gefühlen, die dahinter stehen mögen. So verstanden, meint Vorwürfe zu ertragen, Lernprozesse in Gang zu setzen. Es liegt aber auch in der Verantwortung desjenigen, der diese Größe aufbringt, es nicht dabei zu belassen, nicht an dieser Stelle stehen zu bleiben. Das Ertragen öffnet einen Prozess, es beendet ihn nicht!

8.10 Vergebung

„... und vergib uns unsere Schuld, wie auch wir vergeben unseren Schuldigern." (Matthäus, 6,12)

In ausnahmslos allen Weltreligionen steht die Vergebung im Zentrum der ethischen Ausrichtung. (Vgl. Henderson 2007, S. 17 ff.) Was wir von Gott auf uns selbst gerichtet erhoffen, sind wir bereit, auch allen anderen Lebewesen zu gewähren. So wie im Gebot „Liebe deinen Nächsten wie Dich selbst" beginnt auch die Vergebung bei mir. Mir selbst immer wieder mit Nachsicht gegenüberzutreten, wird zur Voraussetzung dafür, dass ich dem anderen Menschen aus der Tiefe des Herzens vergeben kann. (Vgl. Ferrini 2007, S. 13 f.)

Vergebung ist wechselseitig. Und so gehört zu ihr das Lernen, die Vergebung anderer nicht nur zu akzeptieren, sondern sie in Dankbarkeit als Wachstumshilfe anzunehmen. Vergebung befreit auch wechselseitig. Wenn mir das Vergeben schwer fällt, wie unerträglich muss dann erst das Verbleiben im Status des Hasses und der Verurteilung sein, wenn statt Erlösung nur der Kerker einer negativen, düsteren und klebrigen Schwere wartet.

Vergebung meint allerdings nicht, notwendige Klärungen zu umgehen und sich oder andere der Verantwortung für Gesagtes und Getanes folgenlos zu entziehen. Der Diskurs, das Erkennen und selbst das Aussprechen von Schuldzuweisungen sollten dadurch nicht aus der Notwendigkeit gehoben werden. Aber die Vergebung folgt dem Dreischritt Erkennen, Verstehen und zur Sprache bringen unmittelbar nach. Die Einbindung der Vergebung in sowohl intrapersonale als auch interpersonale Kommunikationskontexte verdeutlicht den Prozesscharakter des Verzeihens. Es ist ein Lernprozess, in dem wir oft mehr von unseren so genannten Feinden lernen als von den uns vertrauten Menschen, mit denen wir in gleicher Resonanz schwingen.

Vergebung wandelt das Denken über den, der uns Unrecht oder Leid zugefügt hat, und zugleich ereignet sich dadurch eine Wandlung im Denken über uns selbst. Vergebung als Wandlung reinigt, veredelt, ja verzaubert gelegentlich Menschen. Damit sie dies anzustoßen vermag, muss sie unteilbar sein. Sie ist ganz und umfassend oder gar nicht. Vor allem stellt sie keine Bedingungen!

In der Vergebung richtet sich der Blick des Menschen auf das Schöne, statt von Hass und Wut zerfressen zu werden. In dem, der Schuld auf sich lud, kann allein dadurch das Schöne wieder befreit werden. Vergebung sprengt Ketten, die in Negativität erstarren ließen. Ihr Auge erkennt und respektiert die tiefe Unschuld, die im Herzen eines jeden Lebewesens liegt.

8.11 Den ersten Schritt tun

Vorwürfe zu ertragen wirft nicht nur den Anderen, es wirft auch mich auf mich selbst und meine möglichen Anteile zurück. Jetzt stelle ich mich meinen Feindbildern, meinen Projektionen und Emotionen. Ich spüre in mich hinein und beruhige das Aufgewühlte, bis der innere Blick wieder klar wird. Wieder neu auf das Du zuzugehen und mich auf den Prozess des Vergebens einzulassen, will zart und behutsam aufgebaut werden. Es will innerlich wachsen, bevor dann der unumgehbare erste Schritt auf den Anderen zu erfolgt.

Bestehen Dissonanzen, diktieren die Gebote des Nichtverletzens und der Wahrhaftigkeit den ersten Schritt. Das Evangelium des Matthäus:

„Wenn du deine Gabe auf dem Altar opferst und dort kommt dir in den Sinn, dass dein Bruder etwas gegen dich hat, so lass dort vor dem Altar deine Gabe und geh zuerst hin und versöhne dich mit deinem Bruder...Vertrage dich mit deinem Gegner sogleich, solange du noch mit ihm auf dem Weg bist." (Matthäus 5, 23–25)

Wäre Abel doch auf den von Neid geplagten und zerfressenen Kain zugegangen...

Wo Fronten beginnen sich zu verhärten, helfen nur der erste Schritt, Kontaktaufnahme, die unbedingte Bereitschaft zur Annahme des Gegenübers und zur Lösung des Konflikts, mögen auch die Chancen als gering erscheinen. Ob ich den ersten Schritt tue, sollte nie an der Frage gemessen werden, ob ich mich im Recht oder im Unrecht sehe. Erinnern wir uns: Jesus nahm selbst Judas, der ihn verraten wollte, an und teilte mit ihm Brot, Wein und Worte. Er wusch ihm, wie den anderen Jüngern auch, demonstrativ die Füße. (Johannes 13, 1–15) Was für ein Zeichen für Kommunikation in Wort und Geste, was für ein Versöhnungshandeln!

8.12 Mit dem Du zum Ich werden

Im dialogischen Prinzip wächst der Mensch in der Spiegelung durch das Du zum Ich. Seine Vollständigkeit entsteht in der reflektierten wechselseitigen Verbundenheit. Er beginnt zu verstehen, dass sein

Ich in der Welt aufgeht und er erst von dort her ganz zu identifizieren ist. Und er lernt nun nicht nur, dass er sich in die Welt hineingibt, sondern die Welt durch das Du auch in ihn. Erst die Antwort des Gegenübers auf seine Aussage führt ihn zum Verständnis dessen, was er selber gesagt hat. Zu lernen, sich vom Anderen her zu verstehen und vom Anderen her zu fühlen, zu lernen auch, sich selbst in Zeugenschaft gegenüberzustehen, ist die Voraussetzung jeder Partnerschaft, jeder tiefen Beziehung auf jeder Ebene des Seins, jeder wahrhaftigen, empathischen und authentischen Kommunikation. Das beginnt von Mensch zu Mensch und weitet sich von hier aus auf die Begegnung mit der Umwelt und mit dem Göttlichen. In diesem Prozess der Transzendierung und Transformation wächst das kleine Ich zum großen Selbst.

8.13 Gelassenheit

Wir können die Meilensteine nichtverletzender Kommunikation mit dem Nordstern vergleichen, der dem Seemann in der Nacht Orientierung gibt, wohl wissend, dass er den Stern selber niemals erreicht. Der lebenslange Lernprozess des Aufeinanderzugehens führt auch zu immer wiederkehrenden Überforderungen. Diese dürfen wir uns zugestehen, sollten sie gleichwohl nie durch Täuschung, Macht oder falsche Klarheit kaschieren. Nichtverletzende Kommunikation lebt, wie gesagt, vom Verständnis des Du und nicht zuletzt auch dem Verständnis mir selber gegenüber. Überzogene Erwartungen, gerade auch bezogen auf eine erwartungsfreie Kommunikation, führen nur in neue Verhärtungen. Gelassenheit meint deshalb auch, nie den letzten Humor zu verlieren, vor allem nicht bezogen auf das eigene Verhalten.

9 Kommunikation
als zielführender Prozess

Die 12 Kriterien einer gewaltfreien Kommunikation können als das ethische Fundament für eine achtsame Ausgestaltung unterschiedlichster Anliegen und Formen menschlicher Begegnung gesehen werden. Im idealen Falle wirken sie als Hintergrundstrahlung auch auf jeglicher Ebene und in jeglicher Weise der funktionalen und organisationsbezogenen Kommunikation. Diese zumeist ziel- und ergebnisorientierten Kommunikationsprozesse konfrontieren Einzelne und Gruppen zugleich jedoch mit Zusatzanforderungen, die eine Gestaltung und Regelung als wünschenswert und sinnvoll erscheinen lassen.

Einer der diesbezüglich bedeutendsten Ansätze liegt mit der von Ruth Cohn begründeten Themenzentrierten Interaktion (TZI) vor. Für Ruth Cohn, geboren 1912, steht TZI, ein Integral aus gruppentherapeutischen Erfahrungen und psychoanalytischen Theorien, für ein Modell humanistischer Gesellschaftstherapie. (Vgl. Cohn 1975, S. 111 f.) Als solches besticht es nicht nur durch seine Schlichtheit und Klarheit, sondern vor allem auch dadurch, dass es in nahezu beliebigen Kontexten einsetzbar ist. Seine strukturelle Offenheit macht Modifikationen und Weiterentwicklungen möglich, ja legt sie nahe. In diesem Sinne sind die folgenden praxisbezogenen Kommunikationskriterien als ein Weiterdenken und Integrieren der TZI im Geiste der gewaltfreien Kommunikation zu sehen. Dies ist nicht nur unproblematisch möglich, die der Themenzentrierten Interaktion innewohnende tiefe humanistische Orientierung ruft geradezu danach.

9.1 Systemische Kommunikation

Kommunikation konstituiert Systeme und hält sie am Leben. Kommunikation kann selber aber auch als System betrachtet werden. Die innersystemischen Bezüge lassen sich auf drei Grundfaktoren reduzieren: die kommunizierende Einzelperson, das Ich; das personale Bezugssystem, die Gruppe; der inhaltliche Bezugshorizont, das Thema. Die Koordinaten dieses Dreiecks sind eingebettet in eine Umwelt, die sich aus der Interdependenz von Zeit, Raum und dem kulturellen Kontext bestimmt. Ruth Cohn bezeichnet dieses Beziehungssystem als das von einer Kugelgestalt, dem GLOBE, umhüllte TZI-Dreieck.

Die in den raumzeitlichen und kulturellen Kontext eingewobenen Dreieckslinien weisen auf die komplexe Wechselbeziehung von Sache, Person und Gruppe hin. Dieses Beziehungsgeflecht auszutarieren und in ein dynamisches Gleichgewicht zu bringen – darin liegt der hohe Anspruch entsprechender Kommunikationsprozesse. Es geht einerseits um die Funktion einer Gruppenkonstellation; doch ist da ja gleichzeitig auch die Emotion der einzelnen Person. Da stehen das Wollen und die Projektionen des Ich in einem Entscheidungsraum mit dem systemischen Erfordernis, das in eine andere Richtung weisen kann. Das Anliegen der Themenzentrierten Interaktion führt beides integral zusammen. Für die einzelnen beteiligten Personen bedeutet dies vor allem, sich selber systemisch zu sehen, die Beziehungskonstellationen in einer Gruppe sachlich, zeitlich und sozial zu erkennen und entsprechend systemisch und nicht persönlich getroffen reagieren zu lernen. Systemisch denken und empfinden emanzipiert sich von dualistischer Schwarz-Weiß-Malerei. Es erkennt und akzeptiert Mehrdeutigkeit und Mehrwertigkeit. Und es versucht zu einem Ergebnis zu gelangen, in dem das Systemziel erreicht wird, ohne dass es wirkliche Verlierer dabei gibt. Anzustreben ist also eine Win-Win-Situation.

Aus dem Kontext von Mediationsprozessen ist das an der gleichnamigen Universität entstandene Harvard-Konzept bekannt. Es ist hilfreich für jegliche Art des systemischen Kommunizierens. Die Trennung von Sachen und Personen, die Konzentration auf Interessen, nicht Positionen, die Entwicklung von Optionen zum beiderseitigen Vorteil sowie die Bewertung von Optionen nach sachlichen Gesichtspunkten stehen dabei im Vordergrund. (Vgl. Hösl 2002, S. 69) Zentral hierbei sowie für jegliche weiteren Kriterien der systemischen Kommunikation ist allerdings, dass alle Gruppenmitglieder die Verfahrensregeln immer wieder gemeinsam kommunizieren und sie nicht nur akzeptieren, sondern auch im Bewusstsein halten. Gelingt dies, ist es bereits auf dieser Ebene des Verfahrens ein entscheidender Beitrag zur Gruppenidentität und zur Integration und Respektierung jedes Einzelnen, auch der so genannten Außenseiter. Die Gruppe verfügt damit über eine Basis, die in der Bekräftigung und Stärkung des Einzelnen und der jeweiligen Anerkennung des Gegenseitigen keinen grundlegenden Widerspruch mehr sieht. Das wiederum ermöglicht freiere Blicke auf problembezogene Handlungsoptionen zum Wohle aller. Es wächst ein Spielraum für Kreativität, in dem die schroffen Grenzlinien zwischen den ichhaften Claims partiell überwunden werden können. Die einzelne Person ist bereit zu geben, was sie für sich selber erhofft.

Der Prozess der Themenzentrierten Interaktion stärkt und ermutigt den Einzelnen. Der ihm zugestandene Respekt stellt ihn allerdings auch in die Erwartung der Gruppe, sein eigener Chairman zu sein. Ich bestimme selbst, was ich wann wie sage. Ruth Cohn:

„Als mein eigener Chairman bin ich der ‚Vorsitzende meiner inneren Gruppe‘, meiner verschiedenen Bedürfnisse und Bestrebungen. Ich versuche, sie mir auch in der Gruppensitzung bewusstzumachen: die körperlichen Empfindungen, die wechselnden Gefühle und die tief verankerten Grundstimmungen, die Wahrnehmung im Gruppengeschehen, die gedanklichen Eingebungen, Phantasien, Intuitionen, Urteile, Wertungen, Absichten. Ich akzeptiere mich, wie ich bin – was meine Wünsche, mich selbst zu ändern, einschließt... Die Aussage ‚sei dein eigener Chairman‘ in interaktionellen Gruppen bedeutet: Übe dich, dich selbst und andere wahrzunehmen, schenke dir und den anderen die gleiche menschliche Achtung, respektiere alle Tatsachen so, dass du den Freiheitsraum deiner Entscheidung vergrößerst. Nimm dich selbst, deine Umgebung und deine Aufgabe ernst." (Cohn 1975, S. 121)

Sein eigener Chairman zu sein entlastet die Gruppe. Es beugt zudem einer Autoritätsfixierung vor, durch die ein einzelnes Gruppenmitglied seiner Verantwortung für sich und das Ganze ausweicht. Der innere eigene Chairman allein kann jedoch die Führung der Gruppe durch eine Person nicht ersetzen. Zwar sollten Kommunikationsregeln immer die besten Steuerungsimpulse hinsichtlich der Selbstorganisation einer Gruppe sein. Doch je komplexer das Anliegen und die Gruppe, je knapper die zur Problemlösung zur Verfügung stehende Zeit, je verfahrener und vertrackter eine Situation ist und damit der Abstand des einzelnen von sich selbst erschwert wird, desto notwendiger wird eine Führung, wird es eines Hüters der Regeln bedürfen. Die Leitung einer themen- und problemlösungsbezogenen Gruppe muss der Gruppe selbst angehören und sich mit ihren Zielen identifizieren. Er nimmt sich als Person mit eigenen Ideen und Gefühlen nicht heraus, zeichnet sich aber daneben durch Überparteilichkeit, thematische Souveränität, kommunikative Kompetenz und eine hohe Akzeptanz durch die einzelnen Gruppenmitglieder aus. Er vertritt in Person die kommunikativen Grundwerte eines achtsamen und gewaltfreien Umgangs miteinander und bringt diese Haltung immer wieder in den Gesamtprozess ein. Er leistet zudem die dauerhafte Analyse und Rückbindung der Gruppen- und Problemsituation an die Umgebung/Umwelt der Gruppe. In Entscheidungssituationen sollte er es verstehen, widerstreitende Gründe und Begründungen durch zusätzliche Handlungsoptionen zu erweitern bzw. zu entschärfen und unterlegene Gründe, soweit das möglich ist, nachvollziehbar zu integrieren.

Gelegentlich sind über die interne Führung einer Gruppe hinaus die Augen und die Ohren eines Dritten sinnvoll und hilfreich. Externe

Dritte vermögen als Supervisoren die Gruppe immer wieder auf das Wesentliche und die Beiträge des Einzelnen und seine Verantwortung hin zu zentrieren. Sie geben der Gruppe ein Feedback von außen, das die betriebsblinde Binnenperspektive überwindet. Als mitdenkende Querdenker können sie zudem ein noch unerschlossenes Problemlösungsreservoir in die Wahrnehmung rücken. Schließlich erweisen sie sich als hilfreich bei einer inhaltlichen und prozessualen Evaluation des Zielfindungsprozesses und seiner pragmatischen Umsetzung.

9.2 Elf Grundsätze zielorientierter Kommunikation

1 Gegenwärtigkeit

Ein zielorientierter und zielfindender Gruppenprozess beginnt mit dem Diskurs über und die Einigung auf die zu erörternde Frage bzw. das zu klärende Problem. Was sind die in der zur Verfügung stehenden Zeit anzusprechenden thematischen Aspekte und womit wollen wir beginnen?

Für jedes Gruppenmitglied bedeutet das, ab diesem Zeitpunkt voll und ganz gegenwärtig, ganz im Hier und Jetzt zu sein und sich konsequent an der aktuell zu behandelnden Problemlage zu orientieren. Die Intensität der Gruppensituation wird durch die mangelnde Präsenz auch nur eines Einzelnen gravierend geschwächt. In einer Gruppe zu kommunizieren heißt Teil eines energetischen Feldes zu sein, das seine Stärke durch die Ausrichtung eines jeden Einzelnen gewinnt, erhält und immer wieder erneuert. Zu der auf den Augenblick bezogenen Gegenwärtigkeit gehört die Wachheit hinsichtlich der eigenen Befindlichkeit – körperlich, seelisch, geistig, emotional. Die Befindlichkeit wirkt steuernd auf unsere Wahrnehmungen und es ist für die notwendige Selbstreflexion erforderlich, diesen Steuerungsmechanismus selbst wahrzunehmen und ihn zu verstehen.

2 Authentizität

Authentisch sein, das meint, als aufrichtig, echt, identifizierbar und glaubwürdig wahrgenommen zu werden. Authentizität, nicht nur in Gruppendiskursen, hängt untrennbar mit intrinsischer und nicht fremdbestimmter Motivation zusammen. Lediglich von außen vorgegebenen Normen, Maximen und Erwartungen zu folgen, tötet Individualität und Eigensein und reduziert das potentiell Besondere auf ein graues Mittelmaß. Aussagen sind dann keine wirklichen Aussagen, Entscheidungen keine wirklichen Entscheidungen, denn sie basieren auf Außensteuerung.

Zur Authentizität gehört allerdings auch Selektivität in meinen Aussagen und jeglicher Form von Expressivität. Selektivität filtert das zu Sagende und Auszudrückende. Es nimmt den Emotionen ihre Spitzen, reduziert das zu Sagende auf das Erforderliche und Hilfreiche, deeskaliert das bloße Gerede. So wächst ein Vertrauen in der Gruppe, das schrittweise Selektivität als einen Mantel der Vorsicht überflüssig macht.

3 Offenheit

Thematisch und/oder auf Gruppen bezogen relevante Wünsche, Bedürfnisse, Erwartungen und Gefühle spreche ich offen aus und verstecke sie nicht hinter nonverbalen mimischen und gestischen Signalen. Diese Offenheit gehört zum Authentischsein. Die Kommunikation der eigenen Befindlichkeit und der eigenen inneren Reaktionen auf andere Gruppenmitglieder bzw. deren Aussagen nimmt das oft lähmende Unausgesprochene, aber doch spürbar Vorhandene aus dem Raum, auch wenn es manchmal schmerzhaft sein mag – für den, der es ausspricht, und den, auf den es bezogen ist. Die Offenheit, das eigene Innere zu kommunizieren, insofern es von Bedeutung für das Gelingen des Gruppenprozesses ist, nimmt den Menschen ihre Masken von den Gesichtern. Sie werden nun erkennbarer und identifizierbarer, auch in ihrer Verletzlichkeit. Verwundbarkeit zu zeigen, ist Stärke. Zu Ende gedacht ermöglicht erst das den Einzelnen und die Gruppe.

Zur Offenheit gehört es, jederzeit Informationen, die für das gemeinsame Thema von Belang sind, einzufordern. Das heißt zugleich aber auch, die Gründe für die jeweiligen Informationswünsche transparent zu machen. Dies dient der eigenen Klärung und dem Verstehens- und Verständlichkeitsprozess innerhalb der Gruppe insgesamt.

4 Entscheidungskompetenz

Ich kann hinsichtlich jeder in der Gruppe anstehender Klärungen und Entscheidungen Ja oder Nein sagen. Ich muss allerdings in der Folge auch willens und bereit sein, die Konsequenzen, vor allem auch für mich, daraus zu akzeptieren. Zu diesen Konsequenzen gehört an erster Stelle, sich aktiv an der Auflösung neuer Problemkonstellationen zu beteiligen, die sich aus einer Zustimmung oder Ablehnung meinerseits ergeben. Sich in der Verantwortung für die Konsequenzen eigener Entscheidungen zu sehen, wird immer wieder aber auch bedeuten zu erkennen, dass ich für die Gruppe und ihre Ziele nicht mehr tragbar bin bzw. mich an einem anderen Ort in anderen Konstellationen mit meinen Kompetenzen und Vorstellungen besser einbringen kann. Auch Gruppenkonstellationen leben und erneuern sich durch personale Flexibilität.

5 „Ich", nicht „Wir" oder „Man"

Es gibt kein „Man". Als Handlungsträger gibt es immer nur ein „Ich". Verallgemeinernde Aussagen wurzeln in einer Schwäche der eigenen Überzeugung, Klarheit und argumentativen Sicherheit. Ruth Cohn:

„Die Regel, per Ich zu sprechen und nur per Ich, dient dazu, verantwortliche Aussagen zu machen, Projektionen zu vermeiden und weder eigene Kreativität noch Irrtümer zu vertuschen. ‚Wir' als Träger von Aussagen ist nur authentisch, wenn die Gemeinsamkeitsfaktoren des Ichs überprüft worden sind. ‚Man' bedeutet eine Aussage über alle Menschen oder eine definitiv bestimmte Gruppe größeren Ausmaßes...Wenn ich an meine eigene Aussage glaube, brauche ich keine fiktive, quantitative Unterstützung des anderen." (Cohn 1975, S. 124)

6 Störungen nachgehen

Dass Prozesse der Kommunikation, der Klärung, Zielfindung und Entscheidung in Gruppen problemlos verlaufen, gehört zu den Ausnahmen. Menschen bringen sich immer mit, in jede Situation. Sie bringen ihre Geschichte mit, ihre Erfahrungen, ihre Gefühle, Hoffnungen, Erwartungen, Ängste, Sympathien und Antipathien. Vieles davon ist offen ersichtlich, manches verdeckt oder maskiert, einiges unbewusst. Als Unverständnis, Schmerz, Wut, Freude, Ärger, Langeweile, verdeckte oder offene Gegnerschaft kann sich das äußern. Im Prozess liegt nun eine Störung vor. Sollen Gruppenprozesse erfolgsorientiert fortgesetzt werden, bedürfen diese Störungen der Beachtung und Bearbeitung, ja, sie bedürfen des Respekts. Störungen zu respektieren, heißt Menschen zu respektieren und sie in ihrer je eigenen Wirklichkeit anzuerkennen.

Auch wenn die grundsätzliche Beachtung jeder Störung geboten scheint, so gilt es in der Folge doch zu differenzieren in Störungen, denen nachgegangen werden muss bzw. in störende Irritationen, die sich schnell von selbst wieder auflösen oder die zweitrangig sind für den Gruppen- und den Zielfindungsprozess. Die klare Forderung der Themenzentrierten Interaktion nach dem unbedingten Vorrang der Behandlung von Störungen sollte in diesem Sinne pragmatisch immer wieder situationsspezifisch neu geklärt werden. (Vgl. Hartke-meyer 2005, S. 332 f.)

Die Beachtung von Störungen gehört in das unverzichtbare Selbst-verständnis eines jeden Gruppenmitglieds. Gleichwohl kommt an dieser Stelle der Gruppenleitung eine besondere Aufgabe und Ver-antwortung zu. Im Rahmen ihrer kontinuierlichen störungssensiblen Prozesswahrnehmung entscheidet zunächst sie, ob eine Intervention erforderlich ist oder den Selbstregulierungskräften innerhalb der Gruppe vertraut werden kann. Daneben hat jedes Gruppenmitglied das Recht und die Aufgabe, Störungen zu thematisieren, die in der Wahrnehmung von sich selbst, einem anderen Gruppenmitglied oder auch der Gruppenatmosphäre insgesamt liegen. Im Falle einer Intervention muss die von der Gruppenleitung oder einem Gruppen-mitglied adressierte störende Person zunächst die Möglichkeit zur Stellungnahme haben. Nachfragen, Erläuterungen und Richtigstel-lungen werden oft zeigen, dass es die Vieldeutigkeit der Sprache selbst und ihrer personal gefärbten Verwendung ist, die Missver-ständnisse hervorruft.

Schon der Begriff „Störung" ist normalerweise mit negativen Konnotationen verbunden. Im Rahmen eines zielorientierten Grup-penprozesses sollte an die Stelle der Stigmatisierung von Störung die Bereitschaft treten, sich irritieren zu lassen, darin eine Botschaft und auch eine Chance zu sehen. In der Mediation spricht man dies-bezüglich von „Reframing". Eine Situation, ein Streit, ein Konflikt erhält gleichsam einen neuen Rahmen (englisch = frame), innerhalb dessen es zu einem kontextuellen Umdeuten kommt. Diese Umdeu-tung lässt danach fragen, worin der zunächst noch unerkannte Nut-zen einer Störung für den Gruppenprozess und das gewünschte Ziel liegt. (Vgl. Hösl 2002, S. 145 f.) Jede Blockierung enthält eine Chan-ce, aus jedem Angriff auf eine Person lassen sich systemische Er-kenntnisse ziehen.

7 Keine Nebengespräche

Zu dem respektvollen Umgang miteinander gehört es, dass imm er nur einer spricht. Einem Gruppenmitglied oder einem Gegenüber ins Wort zu fallen, versagt diesem nicht nur die Möglichkeit, seinen Beitrag bzw. eine Begründung oder auch Rechtfertigung ungestört vorzubringen, es mindert auch die Wahrnehmungstiefe der anderen Prozessteilnehmer. Empathisch zuhören kann ich immer nur einem Menschen, nicht aber mehreren gleichzeitig.

Eine Dezentrierung der Kommunikation innerhalb der Gruppe ergibt sich auch, wenn Nebengespräche stattfinden, indem ein Mitglied sich an einen oder mehrere Nachbarn richtet. Das muss nicht ausschließlich verbal, es kann genau so gut durch Mimik oder Gestik erfolgen. (Vgl. Cohn 1975, S. 126 f.) Solche Nebengespräche schwächen die Position des gerade Redenden und lenken von seiner Argumentationsführung ab. Sie fördern darüber hinaus die Cliquenbildung innerhalb der Interaktionsgruppe und wirken zudem über die Zeitfenster der Gruppentermine hinaus.

8 Bemerkungen über nicht Anwesende vermeiden

Es ist ein weit verbreitetes Ritual, von eigener Verantwortung, eigenen Anteilen oder eigenen Unsicherheiten und Befürchtungen dadurch abzulenken, dass ein nicht anwesendes Gruppenmitglied zum Sündenbock gemacht wird. Auf ihn oder sie wird dann alles abgeladen, was schief ging bzw. was mit negativen Erwartungen verbunden ist. So lässt sich auf dem Umweg über einen Dritten eine Argumentationslinie aufbauen, in der Gruppenmitglieder sich gegen eine Entscheidungsoption aussprechen, ohne das sachlich bzw. inhaltlich begründen zu müssen.

Es kann im Interesse des Zielfindungsprozesses und zur Klärung offener Fragen immer einmal notwendig sein, auch über nicht anwesende Mitglieder des Teams bzw. deren Aufgabenbereiche zu sprechen. Die jeweiligen Personen sollten darüber dann jedoch im Vorfeld durch die Gruppenleitung informiert worden sein bzw., wenn dies aus zeitlichen oder sonstigen Gründen nicht möglich ist, entsprechend nachträglich informiert werden. Es ist Aufgabe der Gruppenleitung, in solchen Fällen darauf zu achten, dass es nicht zu einer Überlagerung der sachlichen/systemischen mit der persönlichen Ebene kommt und die Imageschonung der abwesenden Personen gewährleistet ist.

9 Vertraulichkeit

Die Gruppenmitglieder verpflichten sich zur wechselseitigen Vertraulichkeit. Informationen aus dem und über den Gruppenprozess dürfen nur mit Zustimmung aller an Außenstehende weitergegeben werden. Die Gewissheit der Vertraulichkeit hält den Gruppenprozess und die wechselnde Dynamik der Gruppe in einem Schutzraum, der die Voraussetzung für Authentizität und Offenheit bildet. Vertraulichkeit mindert die Störung der Ziel- und Entscheidungsfindung durch Interessen und Interventionen Dritter.

10 Keine Killerphrasen

Präzision in der Sprache ist die Mutter von Differenzierung und Klarheit. Dinge, Vorgänge und Personen sollten beim Namen genannt werden. Statt auszuschweifen und sich der eigenen Leidenschaft für Assoziationen, Metaphern und Argumentationsschleifen hinzugeben, dient es der Zielfindung und Problemlösung, auf den Punkt zu kommen. Herumreden und Wiederholungen dezentrieren, langweilen und rauben Energie.

Sprache wird umso unpräziser, je mehr ich mit Verallgemeinerungen arbeite. Verallgemeinerungen führen darüber hinaus schnell zu

Totschlagformulierungen, die einer Idee oder einem Vorstoß in der Gruppe oft schon im ersten Ansatz die Dynamik rauben. Solche Killerphrasen sind beispielsweise:

„Das ist doch alles Theorie! Die Praxis sieht anders aus."
„Der Aufwand rechtfertigt in keiner Weise den Ertrag."
„Das haben vor Ihnen schon ganz andere versucht..."

11 Der Überraschung eine Chance

Für die Dynamik zielführender Prozesse sind die ersten zehn Grundsätze hilfreich bis unerlässlich. Die ihnen eigene Hinwirkung auf diszipliniertes Kommunizieren bringt eine gewisse Strenge mit sich, die immer wieder der Unterbrechung bedarf. Ohne Denk- und Sprachspielräume läuft jeder Prozess früher oder später Gefahr, das Überraschende, Unerwartete und Kreative zu unterdrücken bzw. zu blockieren und schließlich an Regelhaftigkeit zu ersticken. Der alles potentiell verändernde Kairos unterliegt nicht der Planbarkeit. Und so fordern blitzartig innerhalb der Gruppe aufscheinende Ideen, Eingebungen und Problemlösungen nicht nur, angemessen artikuliert und wahrgenommen zu werden, ihnen sollte darüber hinaus der Boden bereitet werden. Die Gruppenleitung kann und sie sollte in diese Richtung denken und entsprechend Vorsorge treffen. Einige hilfreiche Elemente können sein:

• Zusammenkünfte beginnen mit einer kurzen Zeit der Stille, der thematischen Zentrierung und inneren Ausrichtung auf das zu besprechende Problemfeld.
• Eine kurze Zeit für spielerische nichtintentionale Dialoge der Gruppenleitung mit einzelnen Mitgliedern oder der Mitglieder untereinander dient der Einstimmung. In der Freiheit des noch nicht zielgerichteten Austausches schwingen sich die sozialen und inhaltlichen Koordinaten und Frequenzen innerhalb der Gruppe ein.

- Ein folgendes Brainstorming bringt die themenbezogene Vielfalt innerhalb der Gruppe zum Ausdruck und sichert die inhaltliche Bandbreite des Diskurses. Dieses Inhaltsspektrum lässt sich mit dem Verfahren des Mind-Mapping anschließend vernetzt sortieren und strukturieren.
- Kurze Phasen des Brainstormings unterbrechen auch in der Folge immer wieder zählebige Erörterungen im Team und eröffnen neue Blickweisen auf das Problem- und Themenfeld. In diesen Zwischenphasen dient die Reduktion der verbalen Kommunikation auf Stichworte der Beschleunigung, Effektivierung und Vielfaltssteigerung.
  Zwischen-Phasen des Brainstormings lösen zudem leichter ein eingeschliffenes Rollenverhalten auf.
- Dem dienen unterstützend auch Rollenspiele, die spezifische Problemlagen innerhalb der Gruppe thematisch und atmosphärisch klarer zum Vorschein bringen können als rationale Diskurse allein. Rollenspiele haben zudem eine positive kathartische Wirkung, wenn sich innerhalb des Teams Affekte und Emotionen angestaut haben.

Resümee
Das Ethos des Einsseins

Ein Ethos, das beim einzelnen Menschen ansetzt und seinem Werden, kann nicht in verbindliche Regeln und Gesetzesvorschriften gefasst werden, welche die Freiheit zur Entwicklung mindern. Zumal, wenn wir die Einheit von Erkennensprozessen, Ethik und Spiritualität als unauflöslich gegeben sehen. Ein orientierender Rahmen, der alle Seinsebenen umgreift und der die Beziehung zwischen Umwelt, Mitwelt, geistiger Welt und Innenwelt herstellt und vermittelt, erscheint gleichwohl sinnvoll und angemessen. Denn Orientierung ohne Koordinaten wird leicht vom Wesentlichen fortgetrieben. Als was können Koordinaten in dieser Hinsicht gesehen werden? Sie sollten den Kern von dem beinhalten, was im Verhalten des Menschen mit Respekt gegenüber anderem Leben und der uneingeschränkten Anerkennung seiner Würde zu tun hat. Sie sollten etwas von dem Dienst zum Ausdruck bringen, den wir der Erde und dem Sein schuldig sind. Und sie sollten uns erinnern, dass der Weg des Werdens ein Übungsweg ist, der Ausdauer verlangt. Er ist eine spirituelle Reise, die sehr viel Offenheit, Geduld und Beharrlichkeit erfordert. Man könnte auf diese Ansprüche bezogen von tätiger Liebe sprechen. Sie schränkt eine verantwortete Freiheit nicht ein, formt sie vielmehr als eine Freiheit hin zum Sein.

Soziale Ausrichtung
- Wahrhaftigkeit im Denken, im Sprechen und im Verhalten
- Andere Menschen nicht auf Grund von Stand, Stellung, Geschlecht, Rasse, Religion, Weltanschauung oder kulturelle Eingebundenheit verachten oder diskriminieren

- Andere Menschen niemals in Gedanken, Worten oder Daten absichtsvoll verletzen
- Offenheit in der Begegnung und die Bereitschaft zum Hören und Mitempfinden
- Ohne Machtanspruch kommunizieren
- Bereit sein zur Vergebung und zur jederzeitigen Versöhnung
- Orientierung und Beschränkung auf einen Lebensstandard, der ein Leben in Würde ermöglicht
- Ausübung von beruflichen Tätigkeiten, die dem Geist des Nichtverletzens nicht widersprechen

Universale Ausrichtung
- Ehrfurcht vor der Schöpfungsganzheit
- Respekt gegenüber allen uns begegnenden Lebensformen
- Nichtverletzen als umfassende Lebenshaltung
- Bereitschaft zum selbstlosen Dienst, der aus der inneren Einsicht und Erfahrung stammt, dass in allem derselbe göttliche Impuls lebt
- Bereitschaft zum Heilen und Trösten, wo uns verletztes Leben begegnet
- Bereitschaft, unsere Heilungskräfte weiter zu entwickeln
- Vegetarische Ernährung aus Ehrfurcht vor dem Leben und aus der Einsicht, dass, was wir sind und werden, auch mit dem zusammenhängt, was wir zu uns nehmen

Transzendente Ausrichtung
- Zuwendung zum Göttlichen in täglichen Zeiten der Meditation/Kontemplation
- Lernen, im Schweigen zu hören
- Bereitschaft zur Weiterentwicklung der spirituellen Fähigkeiten
- In der Suche nach dem kosmischen Einssein und nach der letzten Essenz das Trennende der Religionen und Weltanschauungen transformieren

Ausrichtung auf das Selbst
- Gegenwärtig und achtsam leben, denn jeder Moment enthält potentiell alles, ist kairos-haltig
- Der Verbundenheit mit allem Leben, das mir begegnet, nachspüren
- Die biologische, materielle und geistige Vernetzung des Selbst erfahren
- Das eigene Leben achten wie den ganzen Kosmos
- Sich der Sehnsucht stellen und ihrem Ursprung sowie ihrem letzten Ziel nachgehen
- Die eigenen Unzulänglichkeiten annehmen und in Stärke wandeln
- Lernen, das Scheitern als Chance zu sehen
- Letztendlich sich selbst zu einem Maßstab in Entwicklung werden

Es stellt sich abschließend die Frage, ob wir in der Gegenwart in einem solchen Ethos überhaupt noch eine angemessene Antwort auf die hoch komplexe Struktur struktureller Gewalten sehen können, die unsere Erde so unerbittlich im Griff zu haben scheinen. Die Frage muss klar mit nein beantwortet werden, denn *eine* angemessene Antwort kann es nicht mehr geben. Wir benötigen vielfältige Ansatzpunkte, die der Komplexität unserer Gesellschaften angemessen sind und die sich auf alle strukturellen und lebensweltlichen Ebenen beziehen, um dort umsteuernd einzugreifen. Doch auf jeder dieser Ebenen stoßen wir letztlich wieder auf erkennende, planende und vollziehende Menschen. Der Mensch ist der Ansatzpunkt, er baut und verändert die Strukturen, die es ihm dann wiederum ermöglichen, sein Werden in Freiheit zu gestalten. Er ist so gesehen Henne und Ei zugleich. Und wir haben keine andere Chance, als an ihm, seiner Einsichtsfähigkeit und Einsichtsbereitschaft vertrauend anzusetzen. Scheitern inbegriffen.

Glossar

Acedia

Das aus dem Griechischen stammende Wort meint eine Haltung des Menschen, die durch fehlende Bereitschaft und Unfähigkeit zum angemessenen Handeln gekennzeichnet ist. Acedia reagiert auf Lebensfragen und -probleme mit Lustlosigkeit, Überdruss, Abneigung und einer lähmenden Schwere des Geistes. Sie ist mit tiefer Traurigkeit und gleichzeitig einer inneren Ruhelosigkeit und Rastlosigkeit verbunden. Die Acedia, die zwischen den Polen Hochmütigkeit und Verzweiflung schwanken kann, bedroht die sittliche Existenz des Menschen. In ihr weigert sich der Mensch, seine Entwicklungsmöglichkeit und Entwicklungsnotwendigkeit anzuerkennen und umzusetzen. Acedia wird nach der alten kirchlichen Lehre zu den Hauptsünden gezählt.

Ahimsa

Das Sanskrit-Wort kommt in allen südasiatischen Sprachen vor und ist Bestandteil der zentralen Lehren des Buddhismus und Jainismus. Ahimsa (himsa = Gewalt) steht für die Haltung des Nichtschädigens bzw. des Nichtverletzens gegenüber allen Mitlebewesen. Schließlich kann nach der Wiedergeburtslehre auch in der geringsten Lebensform der Ursprung höheren Lebens, ja einer menschlichen Existenz liegen. Ahimsa wird getragen von der Liebe zum Leben, der Ehrfurcht vor dem Leben und der Einsicht in die Verbundenheit allen Seins. Ahimsa schwächt das pure Nützlichkeitsdenken des Menschen bezüglich anderer Lebewesen und Lebensformen entscheidend ab.

Anthropozentrismus

Unter Anthropozentrismus versteht man philosophische, ethische und religiöse Grundorientierungen, in denen die Adressaten mora-

161

lisch wertvoller Handlungen auf die Spezies der Menschen eingeschränkt werden. Nichtmenschliches Leben wird in anthropozentrischen Ansätzen dem Menschen und seiner Bestimmung nach- bzw.
untergeordnet. Es wird vorrangig unter dem Gesichtspunkt der Nützlichkeit für den Menschen betrachtet und bewertet. Eine Begründung anthropozentrischer Argumentation liegt in der mangelnden
Vernunft bzw. Interessenfähigkeit anderer Lebewesen und ihrer Unfähigkeit, Rechte einzufordern.

Im Bereich der Religion zeigt sich Anthropozentrismus darin, dass
das Heilen nicht auf ein transzendentes Objekt, sondern lediglich auf
das eigene Selbst und dessen Verwirklichung bzw. Entfaltung bezogen wird. Religion verliert dabei ihre absolute Autorität. Sie wird
reduziert auf ein Mittel zur Selbstverwirklichung. Dieses instrumen-
telle Denken macht die einzelnen Religionen letztlich austauschbar.
Es zählt das, was dem Selbst nützt.

Atman

In der hinduistischen Philosophie steht Atman für das individuelle
Selbst. Man kann ihn als den das Leben ermöglichenden und bewah-
renden Atem bzw. die Lebensenergie sehen. In den Upanishaden
wird Atman als das gesehen, was in einem Wesen den Tod überlebt,
wiedergeboren wird oder Erlösung und damit Vereinigung mit Brahman erfährt.

Bergpredigt

Der Ausdruck Bergpredigt taucht das erste Mal bei Augustinus
auf. Bergpredigt meint den von Jesus in einer programmatischen
Rede dargelegten neuen Geist des Reiches Gottes. Der Evangelist
Matthäus hat sie in seinem Evangelium (5–7) aus unterschiedlichs-
tem Überlieferungsstoff komponiert. Sie gilt als die Ethik Jesu
schlechthin. Zentraler Begriff der Bergpredigt sind die Seligpreisungen (5, 3–11) in deren Mittelpunkt Barmherzigkeit und Friedfertigkeit stehen. In der Feindesliebe kommt die Friedfertigkeit zu ihrem
Gipfel. Die außergewöhnliche Ausstrahlung, welche die Bergpredigt

innerhalb des gesamten neuen Testaments hat, liegt in der Radikalität begründet, mit der Jesus den Menschen gegenübertritt: Radikalität hinsichtlich der Anforderungen an eine vollkommene Existenz, Radikalität aber auch in dem Zusprechen von Trost, Heil und Gnade.

Bodhisattva

Der Name bezeichnet im späteren, dem Mahayana-Buddhismus (großes Fahrzeug), den um Erleuchtung (bodhi = Erleuchtung, vollkommenes Erwachen) bemühten Menschen, den Anwärter auf die Buddhaschaft. Bodhisattvas schieben ihren eigenen Eintritt ins Nirwana, also das Verwehen bzw. Verlöschen des Selbst auf, um sich der Leidensbefreiung anderer Lebewesen zuzuwenden. Sie verbleiben so lange aktiv und hilfreich in der Welt, bis alle Wesen erlöst sind.

Brahman

Im Hinduismus repräsentiert Brahman das höchste Wesen. Es kann gedacht werden als universelle Energie, als Weltenseele. Sie hat Bewusstsein, ist ewig, unbegrenzt und allgegenwärtig. Sie bildet den Urgrund des Universums und allen individuellen Seins, die zeitlose Kraft, die in der Zeit alles bewirkt. Die ursprüngliche Bedeutung von Brahman meint „Heiliges Wort". Als magisches Opferwort sollte es alles bewirken können. Für den hinduistischen Erlösungsweg ist es entscheidend, dass Brahman und Atman, die wesensgleich und doch verschieden sind, miteinander verschmelzen. So kann der ewige Kreislauf der Wiedergeburten außer Kraft gesetzt werden.

Buddha

Buddha ist ein Ehrentitel und ein sich in einem Menschen verwirklichendes Prinzip. Ein Buddha (bud = wach) hat das Stadium des vollkommen Erwachten, Erleuchteten erreicht. Er hat das Anhaften und das Nichtwissen, hat Triebe und niedrige Gefühle geistig überwunden. Er dient den Menschen als Lehrer und Wegweiser. Er bringt durch sein Vorbild auf den rechten Weg. Ein Buddha war auch Siddharta Gautama (ca. 563–480 v. Chr.). Er gilt als der Stifter der buddhistischen Religion. Vom reichen und verwöhnten Königssohn entwickelte er sich durch viele Häutungen hindurch zum religiösen Meister, der in bewusster Entscheidung für das irdische Leben seine Erfahrungen weitergab. Seine Lehrreden bilden die philosophische/spirituelle Grundlage des Buddhismus, in deren Mittelpunkt die „Predigt von Benares" steht. Hier formulierte er die vier edlen Wahrheiten vom Leid und dessen Überwindung im achtteiligen Pfad.

Dekalog

Dekalog heißt übersetzt „zehn Worte" und meint die zehn Gebote, die Gott durch Moses dem Volk Israel übermittelt hat. Sie werden im Buch Exodus (20,1–17) und im Buch Deuteronomium (5,6–21) der hebräischen Bibel (sogenanntes Altes Testament) überliefert. Das Zehntgebot weist den Weg für ein Leben ohne Sünde. In ihm kommen Gottesrechte und Menschenrechte zum Ausdruck. Es richtet sich ursprünglich an den erwachsenen israelischen, von der Sklaverei befreiten Bürger. Die zehn Gebote wurden von Jesus anerkannt. Sie stellen die Eckpunkte auch der christlichen Ethik und Sittenlehre dar. Ihr Wortlaut nach Deuteronomium:

„Ich bin Jahwe, Dein Gott... Du sollst neben mir keine anderen Gottheiten haben.

Du sollst dir kein Gottesbildnis machen, das irgendetwas darstellt am Himmel droben, auf der Erde unten oder im Wasser unter der Erde...

Du sollst den Namen des Herrn, deines Gottes, nicht missbrauchen...

Achte auf den Sabbat...Sechs Tage darfst du schaffen und jede Arbeit tun. Der siebte Tag ist ein Ruhetag, dem Herrn, deinem Gott, geweiht...

Ehre deinen Vater und deine Mutter...

Du sollst nicht morden.

Du sollst nicht die Ehe brechen.

Du sollst nicht stehlen.

Du sollst nicht Falsches gegen deinen Nächsten aussagen.
Du sollst nicht nach der Frau deines Nächsten verlangen.
Du sollst nicht das Haus deines Nächsten begehren, nicht sein
Feld..., nichts, was deinem Nächsten gehört."

Dharma

Dharma steht im Hinduismus für das ewige Gesetz. Es regelt alles
Sein in dem gesamten Universum und beruht auf der höchsten Weisheit. Der Wortstamm „dhar" bedeutet tragen, halten. Dharma also ist
das Prinzip, das hält und trägt. So wie Dharma den Lauf der Gestirne bestimmt, so liegt es auch der sittlichen Ordnung unter den Menschen zugrunde. Menschen müssen das ihnen zugewiesene Dharma,
die für sie bestimmte Ordnung, erfüllen. Der Grad dieser Pflichterfüllung bestimmt die Qualität der Wiedergeburt.

Im Buddhismus bezieht Dharma sich auf die Lehre des Buddha,
deren Verwirklichung den Menschen hält und trägt. Dharma meint
hier aber auch die Substanzen, die Kräfte und Lebensströme, aus
denen die Welt besteht und die sie in der Bewegung halten. Die Elemente, physikalische, biologische und biochemische Gegebenheiten,
Denken, Bewusstsein, Emotion und sinnliche Wahrnehmung – alles
ist von Dharmas bestimmt. Sie formen die Welt in ihrem Werden,
Vergehen und Wieder-Werden.

Ehrfurcht vor dem Leben

Es handelt sich hierbei um einen ethischen Grundsatz, der eng mit
Albert Schweitzer verbunden ist. Mit der Idee der Ehrfurcht vor dem
Leben erweitert Schweitzer die Ethik über den Menschen hinaus und
bezieht alles Leben mit ein. Letztlich geht es darum, die Verbundenheit allen Lebens zu sehen und zu erkennen und das vom Menschen
konstruierte Fremdsein zu überwinden bzw. aufzuheben. In der Forderung nach Ausdehnung der Humanitätspflicht auf alle Geschöpfe
zeigt sich eine starke Wesensähnlichkeit von „Ehrfurcht vor dem
Leben" und „Ahimsa". Auch in der Ehrfurcht vor dem Leben bleibt
das unlösbare Problem die Selbstentzweiung des Lebens, die Tat-

sache, dass Leben von Leben lebt. Die Aufgabe des Menschen liegt in der Begrenzung dieser Selbstentzweiung und der Minimierung unvermeidbaren Verletzens. In der Ethik der „Ehrfurcht vor dem Leben" liegen die Grundlagen für eine integrale Schöpfungsethik und Schöpfungsspiritualität.

Erbsünde

Die Lehre von der Erbschuld/Erbsünde begründet in dem Bezug auf Genesis 3 der hebräischen Bibel (Altes Testament) den fatalen Hang des Menschen zu sündigen. Sünde meint, fern von Gott und seinen Geboten zu leben, die eigenen momentanen Bedürfnisse dem göttlichen Heil vorzuziehen. Dieses Menschenbild, nach der der Mensch seit dem Sündenfall im Paradies eine verwundete und zum Bösen geneigte Natur hat, war als kirchliche Lehre von Beginn an umstritten. Einer der Gründe für die Kritik an der Erbsünde-Lehre liegt darin, dass die Ebenbildlichkeit des Menschen mit Gott bzw., dass Gott den Menschen nach seinem Bild und Gleichnis geschaffen hat, dadurch in Frage gestellt wird – sieht man Gott als das summum bonum, das höchste Gute. Auch werden durch diese Lehre die Freiheit, Würde und Verantwortung der Menschen nicht in dem persönlich jeweils möglichen Umfang ernst genommen.

Feld

Der englische Biologe Rupert Sheldrake hat den Begriff „Feld" für den Prozess der Entstehung von Formen in Natur und Kultur inhaltlich neu gefüllt. Nach den Ergebnissen seiner Forschungen hängen Gestalt und Art der Dinge von Feldern ab, die er Morphische Felder nennt. Jede Art und jedes natürliche System besitzt danach ein eigenes charakteristisches Feld. Solche Felder existieren als nicht materielle Kraftzonen. Sie breiten sich im Raum aus und dauern in der Zeit an. Als potentielle Organisationsmuster können sie sich auch nach dem Verschwinden eines Systems zu einer anderen Zeit und an einem anderen Ort wieder konkretisieren. Werden formgebende Kausaleinflüsse durch Raum und Zeit übertragen, kann gleichsam die Gegenwart an die Vergangenheit anknüpfen, spricht Sheldrake von Morphischer Resonanz. Morphische Felder unterliegen den Einflüssen von Raum und Zeit und sind Bestandteil der evolutionären Prozesse. Nach diesem Denken stellen auch menschliche Eigenschaften, Bewusstseinsströmungen und das Unbewusste Felder dar. So kann etwa die Seele als ein Feld gesehen werden. Nicht die Seele lebt im Körper, sondern der Körper im Feld der Seele. (Vgl. Sheldrake 1994)

Kairos

Im Gegensatz zu Chronos (der fortlaufende Fluss der Zeit) und Aion (Zeitdauer, Zeitstrecke, Epoche) drückt das griechische Wort KAIROS qualitative Zeit aus, ein inhalts- und bedeutungsvolles Moment. Der KAIROS verweist auf die besondere Zeit, die besondere Begebenheit, den rechten Ort, den günstigen Augenblick. Im KAIROS ruht schicksalhafte Qualität. In jedem Moment, der potentiell alles enthält, kann das Ewige in das Zeitliche einbrechen. Aristoteles, der ihn mit der Siebenheit gleichsetzt, also der Ganzheit und Vollendung, sah im KAIROS das „Gute in der Zeit", und zwar in einer Doppelbedeutung: Er ist die vollendete Zeit und der zu etwas gute Moment. In der hebräischen Bibel (Altes Testament) taucht KAIROS als ein heilsgeschichtlicher Begriff auf, der immer auch die Gerichts- und Endzeit mit einschließt. Dem KAIROS gerecht zu werden, ist die ethische Bewährung im Blick auf das Ende aller Zeiten. Im Christentum wird das Kommen Jesu, der Christusimpuls in der Geschichte, als der einmalige, alle sonstige Zeit übersteigende KAIROS gesehen. „Jetzt ist die Zeit erfüllt, das Reich Gottes ist nahe..." (Markus 1,15) KAIROI, herausragende Momente, ziehen sich durch das Leben Jesu bis hin zum KAIROS der Auferstehung, der die Hinfälligkeit im Zeitlichen überwindet.

Jeder Mensch hat die Aufgabe, seinen KAIROS, seine KAIROI zu erkennen und sich den Anforderungen der entsprechenden Momente zu stellen. Im KAIROS überwindet der Mensch seine Endlichkeit und stellt er sich in Beziehung zum Absoluten. Letztendlich muss vor diesem Verständnis jeder Augenblick als einmalig angesehen werden, als Zeit der Wachheit und der Bewährung.

Kardinaltugenden

Klugheit, Gerechtigkeit, Tapferkeit und Maß umschreiben nach der klassischen Lehre der katholischen Theologie die Gutheit des menschlichen Handelns. Sie repräsentieren die Angelpunkte des sittlichen Lebens, um die herum alle anderen Tugenden angeordnet sind. Die Gutheit der Gesinnung aus dem Glauben wird mit sachgerechtem Tun in Verbindung gebracht. Die Gutheit nimmt innerhalb der Kardinaltugenden den obersten Rang ein, da sie mit ihrem vernunftgesteuerten sachlichen Blick die Richtung für das Tun bestimmt. Was gut ist, bestimmt die Klugheit. Die Kardinaltugenden wie alle menschlichen Tugenden als Neigung, das Gute zu tun, wurzeln in den göttlichen Tugenden Glaube, Liebe und Hoffnung. Die Lehre von den Kardinaltugenden wurde wesentlich von der aristotelischen Ethik beeinflusst und durch Thomas von Aquin umfassend ausgearbeitet.

Karma

Es bezeichnet das Gesetz von Ursache und Wirkung im menschlichen Verhalten und ist eng mit der Lehre von der Wiedergeburt verbunden. Wie der Mensch sein Leben gestaltet, was er tut und nicht tut, denkt, fühlt, sagt und verschweigt, bestimmt sein Schicksal. Es hat darüber hinaus Einfluss auf den Kosmos insgesamt. Ein gutes Karma führt zu einer guten Wiedergeburt, ein negatives zu einer schlechten. Das Karma drückt sich in den Veranlagungen des Menschen aus, seinen Begabungen, Fähigkeiten und persönlichen Umständen, vor allem aber auch seiner Willensrichtung, die den Charakter formt. Karma steht aber nicht nur für ein Gerechtigkeitsprinzip. Man kann es als Evolutionsprinzip in ethischer und moralischer Hinsicht interpretieren, als energetisches Feld, das sich in Raum und Zeit verändert und die Personalität bestimmt. Im christlichen Kulturraum ist das Karma-Verständnis umstritten, da es die Einzigartigkeit eines

Menschen in seiner einzigen Existenz in Frage stellt. Kritik erfährt die Karma-Vorstellung auch, wenn sie zur Legitimation ungleicher oder ungerechter Lebensverhältnisse – wie etwa dem indischen Kastensystem – dient.

Kontemplation

Der Begriff ist eine Zusammenführung von „con", Einswerden, mit „templum", dem Innersten und Heiligsten. Kontemplation strebt die Vereinigung mit dem Urgrund allen Seins, dem Göttlichen, an, dem wir auf dem Grund unseres Wesens begegnen. In der Kontemplation findet der Mensch zu einer innigen Weise der Gotteszuwendung, die sich im tiefen Schweigen vollzieht. Für den Kontemplativen sind Schweigen und Stille der Raum der Begegnung zwischen Mensch und Gott, die Sprache zwischen Mensch und Gott. Auf dem Übungsweg des Schweigens lernt der Mensch, sich immer wieder äußerer Unruhe und Ablenkung zu entziehen, aber auch innere Ruhelosigkeit und das Beherrschende durch Gedanken und Gefühle, Hoffnungen, Erwartungen und Ängste momenthaft zu überwinden. Das sehnsuchtsvolle kontemplative Schweigen durchbricht die Alltagsroutinen. In Achtsamkeit, Wachheit und im Nicht-Denken öffnet sich der Suchende der Fülle des Augenblicks, der immer schon alles enthält. Die Kontemplation gehört zum Weg der Mystik. Durch sie und in ihr findet Begegnung mit dem Göttlichen statt, Infragestellung unseres Seins und dessen Neukomposition. Kontemplation ist innere Reinigung, um empfänglich für das Neue zu werden. Ursprünglich aus der christlichen Tradition stammend, findet der Begriff heute auch Anwendung für den traditionsfreien Übungsweg der inneren Stille und der inneren wort- und bildfreien Erfahrung.

Mystik

Mystik wird abgeleitet von dem griechischen „mystikos", das mit „geheimnisvoll" übersetzt werden kann. Von Mystik sprechen wir hinsichtlich der religiösen Traditionen und religiösen Seinszugänge, die von der intensiven inneren Erfahrung und dem inneren Erleben des Menschen in Beziehung zum Göttlichen geprägt sind. Mystische Erfahrung übersteigt die rein verstandesmäßige Erkenntnis und das Alltagsbewusstsein. Und in ihr verschmelzen Intellekt, Intuition, Emotionalität und Wachheit/Offenheit. Der Mystiker spürt in seiner Existenz den Einbruch des Göttlichen, das alles berührt und verändert. Innere Leere, Dunkelheit, Zerstörung des Gewohnten und der alten Sicherheiten gehören zum mystischen Weg der Gottsuche ebenso wie eine Umwertung der Werte, tiefe Freude, höchste Gewissheit und eine Neuformung des Daseins von innen her. Mystische Bewegungen finden sich in allen Religionen, ja, in der Mystik begegnen die Religionen ihrem gemeinsamen Ursprungsimpuls und ihrer letztendlichen inneren Identität. Mystikerinnen und Mystiker leben deshalb immer im Grenzbereich der Religionen, zu denen sie sich zugehörig fühlen, wenn sie nicht schon die Grenzen konventioneller Religion und entsprechende Selbstverständnisse längst überwunden haben.

Scholastik

Das Wort stammt von „scholasticus" – schulmäßig, zur Schule gehörig. Es ist eine umgreifende Bezeichnung für die einflussreichsten philosophisch/theologischen Lehren im Mittelalter, die sich etwa vom 8. bis ins 16. Jahrhundert erstrecken. Die Scholastik sah den Geist des Menschen als fähig, die Wahrheit zu erkennen. Sie bemühte sich um die Verständigung, ja Integration von philosophischer Vernunft und christlicher Offenbarung, indem sie das Vernunftmäßige als christlich und das Christliche als vernunftmäßig einstufte. Der Versuch, das Wissen und die Glaubensvorstellungen der Zeit umfassend zu systematisieren und mittels Logik und dialektischer Argumentation zu prüfen, war entscheidend von der griechischen Philosophie, insbesondere den aristotelischen Schriften beeinflusst. Bekannte Vertreter der Scholastik waren Anselm von Canterbury (1033–1109), Petrus Abaelard (1079–1142), Albertus Magnus (1200–1280), Thomas von Aquin (1224–1274), Bonaventura (1217–1274), Wilhelm von Ockham (1280–1349).

Schöpfungsspiritualität

Der Begriff ist wesentlich mit dem ehemaligen amerikanischen Dominikanermönch Matthew Fox verbunden. Schöpfung wird hier gesehen als das Vorübergehende des Göttlichen in der Form des Seins. Sie ist allgegenwärtig, lebt und vollzieht sich im Jetzt. Sie ist im höchsten und tiefsten Sinne heilig. Sie umgibt uns als der Anfang und das Ende und das Wesen aller Dinge im gesamten Kosmos. Und sie lebt von Beziehungen und Bezügen, die alles miteinander in Verbindung sehen und halten. Schöpfungsspiritualität nimmt den Menschen mit seinem ganzen Sein mit hinein in die Geschichte und die Unendlichkeit des Universums. In ihr werden Trennungen und Einführungen überwunden, tritt Integration und Ganzheitlichkeit an die Stelle von Grenzziehungen und durch Abgrenzung sich definierende Identitäten. Zur Schöpfungsspiritualität gehören der Weg der Ehrfurcht vor dem Sein, der Weg der Kontemplation, der Weg der Freisetzung unserer eigenen schöpferischen Kräfte und der Weg der Heilung und des Ringens um Gerechtigkeit. Aus dem christlichen Kulturraum stammend, befindet sich Schöpfungsspiritualität in großer Nähe zu vergleichbaren Sichtweisen und Bewegungen in anderen religiösen Traditionen und Kulturen.

Sufismus

Die islamische Mystik wird Sufismus genannt. Der Begriff leitet sich aus „sûf" ab, einem schlichten Wollgewand, das die frühesten islamischen Asketen trugen. Der Sufismus erwuchs, eng an den Koran und den islamischen Glauben angelehnt, ab dem 8. Jahrhundert zu einer asketischen Frömmigkeit. Zu den ersten Pflichten eines Sufi gehören der ständige Bezug des Denkens auf Gott sowie die Vertiefung in religiöse Übungen. Das ganze Leben gilt als von Gott und der Liebe zu ihm durchdrungen. Das Selbst tritt dahinter zurück, ja, es kann sich im Nichts des Entwerdens an Gott vollständig verlieren. Zu den Mitteln, die dem Sufi zu intensiven mystischen Erfahrungen verhelfen, zählen Musik und Tanz. Zahlreiche Texte schildern die Erfahrung der göttlichen Einheit und des „Stirb und Werde" in dieser

Erfahrung. Herausragend etwa ist die Poesie von Dschelaleddin Rumi (1207–1273). Seit dem 12. Jahrhundert gegründete Sufiorden haben die islamische Mystik zu einer weitverbreiteten Bewegung gemacht, die in der Gegenwart an Einfluss gewinnt und dem oft unerbittlichen Fundamentalismus das Gesicht der Liebe gegenüberstellt.

Tao (Dao)

Der aus dem chinesischen Kulturraum stammende Begriff kann mit „Weg" übersetzt werden. Gemeint ist der richtige Weg des Menschen in der Welt, das Handeln und Nichthandeln im Einklang mit der Natur. Hinter dieser Bedeutung steht die Vorstellung vom Tao als dem umfassenden und universalen Ordnungsprinzip des Seins, dem Absoluten und der Kraft des Lebens, aus der alles entstanden ist, selbst. So umfasst das Tao auch den himmlischen Bereich und das harmonische Zusammenspiel der kosmischen Kräfte. Die Grundsätze des Tao wurden von Laotse (4./5. Jahrhundert v. Chr.) im Tao-te-king formuliert. Es stellte die philosophische, geistige Grundlage des Taoismus dar, eine Religion, die aus China kommend, auch Vietnam, Korea und Japan erreichte. Heute ist der Taoismus vor allem auf Taiwan vertreten.

Thomas-Evangelium

Bei den vier im Neuen Testament wiedergegebenen Evangelien handelt es sich um kanonisierte, von den Korrektoren der Kirche geprüfte Texte. Daneben gibt es sogenannte apokryphe, verborgene, geheime, nicht biblische Texte, die gleichfalls Jesus-Worte und Erzählungen über Jesus enthalten. Einer dieser Texte – und vielleicht der herausragende – ist das Evangelium des Thomas, das zu den Schriftrollen gehörte, die 1945 im ägyptischen Nag Hammadi aufgefunden wurden. Als Verfasser dieses Evangeliums gilt einer der zwölf Jünger Jesu, der Galiläer Didymos Thomas.

Kann man die Bergpredigt als Wegweisung des Menschen für sein Tun auf dieser Erde ansehen, so spricht das Thomas-Evangelium Anleitungen für den inneren Weg, die innere, seelische Entwicklung aus. Es formuliert esoterisch-religiöse Wertgehalte. Die 114 im Thomas-Evangelium aufgeführten Sprüche geben keine Glaubenslehren wieder, sondern Anleitungen zur Innenschau, zur Selbstfindung und zum Werden des (göttlichen) Selbst. Christus spielt hier keine Rolle als historische Gestalt. Vielmehr wird er als das Ewige, zur Erleuchtung und zum Einswerden führende Wort gesehen.

Transzendenz

Im Wortsinne heißt Transzendenz „Überschreitung". Gemeint ist das Überschreiten der diesseitigen Welt in Seinsbereiche, die mit unseren Sinnen nicht zugänglich sind. In den abrahamitischen Religionen Judentum, Christentum und Islam bezieht sich Transzendenz auf die Jenseitigkeit Gottes bzw. den, der die Welt und alles Endliche, unendlich und unfassbar übersteigt. Diese Vorstellung der Transzendenz Gottes schließt allerdings seine Immanenz, sein Sein und Wirken in der Welt, nicht aus. Doch beschränkt sich dieses Sein und Wirken auf das, was Gott von sich selbst offenbart.

Mystische Strömungen in allen Weltreligionen sprechen von möglichen Transzendenzerfahrungen des Menschen durch innere Sammlung, meditative und kontemplative Techniken bzw. Schritte sowie plötzliche Gotteserfahrungen. Transzendenzerfahrung des Menschen kann bis zur Wahrnehmung des Einsseins führen, der innerlich empfundenen Wesensgleichheit und gegenseitigen Verbundenheit von Mensch – Mensch, Mensch – Umwelt, Mensch – Gott.

Veda

Veda heißt „Wissen". Als Veda wird die Sammlung der heiligen Schriften des Hinduismus bezeichnet. Sie umfasst Texte ab etwa 1500 v. Chr. und stellt damit die frühesten religiösen Dokumente der Hochreligionen. In den Hymnen des Rigveda (rig = Strophe) werden die Götter gepriesen und beschworen. Im Samaveda (saman = Lied) finden sich priesterliche Gesänge. Der Yajurveda (yajur = Spruch) enthält Opfersprüche und rituelle Anweisungen für die Opferpriester. Der Attarvaveda (attarva = Zauber) setzt sich aus Zaubertexten und Beschwörungsliedern zusammen, mit denen unter anderem Dämonen beschworen werden sollen. Priestertexte, Eremitenschriften und schließlich die Upanishaden runden den Veda ab. Die Upanishaden haben einen tiefen, wenn auch nicht in sich schlüssigen, philosophischen Gehalt. Das im Veda zum Ausdruck kommende Denken beruht auf der Vorstellung, dass dem Kosmos eine einzige Ordnung zugrunde liegt. In ihr ist alles miteinander verbunden und fortwährend vom Chaos bedroht. Rituale dienen der Aufrechterhaltung der Weltordnung.

Literaturverzeichnis

Robert Aitken: Ethik des Zen. München 1989.

Ok-Sun An: Compassion and Benevolence. A comparative Study of Classical Buddhist and Classical Confucian Ethics. New York u.a. 1998.

Peter Antes: Ethik und Politik im Islam. Stuttgart/Berlin/Köln/Mainz 1982.

Peter Antes: „Ethik" im Islam. In: Carl Heinz Ratschow (Hg.), a.a.O., S. 177–225.

Karl-Otto Apel: Diskurs und Verantwortung. Das Problem des Übergangs zur postkonventionellen Moral. Frankfurt/Main 1988.

Paul Augier: Jesus, Stein des Anstoßes. Graz/Wien/Köln 1961.

Aurelius Augustinus: Bekenntnisse. Zürich 1950.

Jayanta K.Bandyopadhyay: Mystik und Freude am Leben. Basel 1995.

Karl Barth: Der reiche Jüngling. München 1986.

Gerhard J.Bellinger: Knaurs Großer Religionsführer. München 1992/2.

Klaus Bockmühl: Christliche Lebensführung. Eine Ethik der zehn Gebote. Giessen/Basel 1999.

Franz Böckle: Zur Kompetenz des Gewissens. In: Dietmar Bader (Hg.): Freiburger Akademiearbeiten. 1979–1989. München/Zürich 1989, S. 15–26.

David Bohm u.a.: Der Dialog – ein Vorschlag. In: On Dialogue, Juli 1995, S. 6–11.

Gerhard Breidenstein: Spiritualität und Ökologie. In: Connection Special. III/1997, S. 6–11.

Martin Buber: Das Dialogische Prinzip. Gerlingen 1962.

Martin Buber: Bilder von Gut und Böse. Heidelberg 1986.

Martin Buber: Reden über Erziehung. Heidelberg 1986.

Martin Buber: Gottesfinsternis. Gerlingen 1994.

Edeltraud Bülow: Kommunikative Ethik. Düsseldorf 1972.

Johannes Cassian: Das Ruhegebet. München 1992.

Bernhard von Clairvaux: Das Herz weit machen. Kontemplation und Weltverantwortung. Zürich/Düsseldorf 1997.

Stephen R.L. Clark: Gaia und die Formen des Lebens. In: Angelika Krebs (Hg.), a.a.O., S. 144–164.

Ruth C. Cohn: Von der Psychoanalyse zur themenzentrierten Interaktion. Von der Behandlung einzelner zu einer Pädagogik für alle. Stuttgart 1975.

Ruth C. Cohn: Es geht ums Anteilnehmen. Perspektiven der Persönlichkeitsentfaltung in der Gesellschaft der Jahrtausendwende. Freiburg 1989/2.

Norbert Copray: Nur wer sucht und prüft, kann Gutes finden! Wenn Spiritualität heilsam wirkt. Frankfurt/Main 1999, Manuskript, 14 Seiten.

Norbert Copray: Im Namen der Ethik gegen die Moral. Zu Nietzsches Orientierung des freien Subjekts. Frankfurt/Main 2000, Manuskript, 9 Seiten.

Friedrich Cramer: Symphonie des Lebendigen. Versuch einer allgemeinen Resonanztheorie. Frankfurt/Leipzig 1998.

Dalai Lama: Logik der Liebe. Aus den Lehren des tibetischen Buddhismus für den Westen. München 1989.

Fjodor M Dostojewski: Die Brüder Karamasow. Frankfurt/Main 1986 (1921).

Manfred Ecker: Evolution und Ethik. Der Begriff der Denknotwendigkeit in Albert Schweitzers Ethik der Ehrfurcht vor dem Leben. In: Claus Günzler u. a. (Hg.), a.a.O., S. 51–81.

Martina Emme: Der Versuch, den Feind zu verstehen: Ein pädagogischer Beitrag zur moralisch-politischen Dimension von Empathie und Dialog. Frankfurt 1996.

Ursula Erzgräber/Alfred Hirsch (Hg.): Sprache und Gewalt. Berlin 2001.

Josef van Ess: Islam. In: Emma Brunner-Traut: Die fünf großen Weltreligionen. Freiburg/Basel/Wien 1974, S. 67–84.

The Ethics of Buddhism. Oxford 1926 (Reprint 1994).

Claus Eurich: Die Kraft der Sehnsucht. Kontemplation und ökologisches Engagement. München 1996.

Claus Eurich: Die Kraft der Friedfertigkeit. Gewaltlos leben. München 2000.

Claus Eurich: Ich habe dich erkannt. Ursprung, Wesen und Zauber der Liebe. Münster 2000 (Eigenverlag).

Claus Eurich: Die heilende Kraft des Scheiterns. Ein Weg zu Wachstum, Aufbruch und Erneuerung. Petersberg 2006.

Claus Eurich: Interbeing. Vom kleinen Ich zum großen SELBST. In: Transpersonale Psychologie und Psychotherapie, Heft 2/2006, S. 41–53.

Majid Fakhry: Ethical Theories in Islam. Leiden/New York/Köln 1994.

Dieter Fassnacht: Die Religionen Chinas. Weltreligionen. Geschichte-Quellen-Materialien. Frankfurt/Berlin/München 1983.

Paul Ferrini: Die zwölf Schritte der Vergebung. Darmstadt 2007 (1991).

Karin Finsterbusch/Helmut A. Müller (Hg.): Was aber bleibt. Hoffnung in den fünf Weltreligionen. Stuttgart 1997.

Michel Foucault: Die Ordnung der Dinge. Frankfurt/Main 1971.

Matthew Fox: Vision vom kosmischen Christus. Aufbruch ins dritte Jahrtausend. Stuttgart 1991.

Matthew Fox: Der große Segen. München 1991 a.

Matthew Fox: Schöpfungsspiritualität. Heilung und Befreiung für die Erste Welt. Stuttgart 1993.

Matthew Fox: Freundschaft mit dem Leben. Die vier Pfade der Schöpfungsspiritualität. Frankfurt/Main 1998.

Bernhard Fraling: Vermittlung und Unmittelbarkeit. Beiträge zu einer existentialen Ethik. Freiburg (Schweiz) 1994.

Ludwig Frambach: Mystiker und Menschenfreund. Albert Schweitzers Ethik der „Ehrfurcht vor dem Leben" ist aktuell wie nie. In: Evangelische Kommentare, 6/2000, S. 36–38.

Mahatma Gandhi: Freiheit ohne Gewalt. Köln 1968.

„Die Genomentschlüsselung hätte noch Zeit gehabt." In: Frankfurter Rundschau vom 11.August 2000, S. 2.

Peter Gerlitz: Die Ethik des Buddha. Philosophische Grundlagen und sittliche Normen im frühen Buddhismus. In. Carl Heinz Ratschow (Hg.), a.a.O., S. 227–348.

Al Ghasali: Das Elixier der Glückseligkeit. München 1998 (1959).

Helmut von Glasenapp: Der Hinduismus. Religion und Gesellschaft im heutigen Indien. München 1992.

Albrecht Goes: Über das Gespräch. Hamburg 1954.

Karl Golser (Hg.): Verantwortung für die Schöpfung in den Weltreligionen. Innsbruck/Wien 1992.

Romano Guardini: Von heiligen Zeichen. Heft 1 + 2. Burg Rothenfels 1924.

Claus Günzler u.a. (Hg.): Albert Schweitzer heute. Brennpunkte seines Denkens. Tübingen 1990.

Jürgen Habermas: Moralbewusstsein und kommunikatives Handeln. Frankfurt/Main 1983.

Imme de Haen: Wächter, Wirbler, Weltbildstifter. In: Claus Eurich/Imme de Haen (Hg.): Hören und Sehen. Die Kirche des Wortes im Zeitalter der Bilder. Stuttgart 1991, S. 211–226.

Johannes F.& Martina Hartkemeyer: Die Kunst des Dialogs. Kreative Kommunikation entdecken. Stuttgart 2005.

Stanley Hauerwas: Selig sind die Friedfertigen. Ein Entwurf christlicher Ethik. Neukirchen-Vluyn 1995.

Michael Henderson: Die Macht der Vergebung. Oberursel 2007.

Hermann Hesse: Siddharta. Frankfurt 2000 (1922).

Frederik Hetmann: Die Erde ist unsere Mutter. Indianische Spiritualität und Religion. Freiburg/Basel/Wien 1998.

Otfried Höffe: Vernunft und Recht. Bausteine zu einem interkulturellen Rechtsdiskurs. Frankfurt/Main 1996.

Ludger Hohn-Kelmer (Hg.): Jesus von Nazareth. Für wen sollen wir ihn halten? Freiburg/Basel/Wien 1997.

Axel Honneth: Kampf um Anerkennung. Zur moralischen Grammatik sozialer Konflikte. Frankfurt/Main 1992.

Gerhard G. Hösl: Mediation – die erfolgreiche Konfliktlösung. Grundlagen und praktische Anwendung. München 2002.

Detlef Horster: Postchristliche Moral. Eine sozialphilosophische Begründung. Hamburg 1999.

Iserlohner Aufruf zum Dialog über eine zukunftsfähige Ethik. In: Frankfurter Rundschau vom 29. Juni 2000, S. 9 (Dokumentation).

Carl Gustav Jung: Von den Wurzeln des Bewußtseins. Studien über den Archetypus. Zürich 1954.

Fuad Kandil: Gott, Mensch, Kosmos: Versuch zur Explikation tragender Elemente einer islamischen Naturethik. In: Han Kessler (Hg.), a.a.O., S. 102–120.

Hans Kessler (Hg.): Ökologisches Weltethos im Dialog der Kulturen. Darmstadt 1996.

Hans Kessler: Problemaufriss: Das Natur- und Selbstverhältnis der Moderne und das Problem eines ökologischen Weltethos. In: Derselbe (Hg.), a.a.O., S. 1–32.

Vilayat Inayat Khan: Sufismus. Der Weg zum Selbst. Stufen einer mystischen Meditation. Bern/München/Wien 1975.

Sören Kierkegaard: Auswahl aus dem Gesamtwerk. Wiesbaden 1964.

Wolfgang Kluxen: Philosophische Ethik bei Thomas von Aquin. Hamburg 1980 (1964).

Matthias Koßler: Empirische Ethik und christliche Moral: Zur Differenz einer areligiösen und einer religiösen Grundlegung der Ethik am Beispiel der Gegenüberstellung Schopenhauers mit Augustinus, der Scholastik und Luther. Würzburg 1999.

Angelika Krebs (Hg.): Naturethik. Grundtexte der gegenwärtigen tier- und ökoethischen Diskussion. Frankfurt 1997.

Hartmut Kreß: Religiöse Ethik als Impuls kultureller Erneuerung. In: Richard Brüllmann/Harald Schützeichel (Hg.): Leben in der Kultur. Weinheim 1995, S. 9–33.

Ute Kruse: Zur Stellung der außermenschlichen Natur in der Ethik. Montreal 1999 (Magisterarbeit an der Universität zu Montreal).

Hans Küng: Projekt Weltethos. München/Zürich 1990.

Alfred Läpple: Ketzer und Mystiker. Extremisten des Glaubens. Versuch einer Deutung. München 1988.

Kay Lindahl: Mit dem Herzen hören. Berlin 2003.

Joanna Macy: Zeit der „Großen Wende". In: Connection Special, III 1997, S. 12–17.

Gustav Mensching: Leben und Legende der Religionsstifter. Augsburg 1990.

Barbara Mettler-v.Meibom: Wertschätzung. Wege zum Frieden mit der inneren und äußeren Natur. München 2006.

Ronald S.Miller: Handbuch der neuen Spiritualität. Bern u. a. 1994.

Wunibald Müller: Gönne Dich Dir selbst. Von der Kunst sich gut zu sein. Münsterschwarzach 1995.

Hubertus Mynarek: Der Mensch. Sinnziel der Weltentwicklung. München/Paderborn/Wien 1967.

Arne Naess: Ecology, Community and Lifestyle. Outline of an Ecosophy. Cambridge 1989.

Arne Naess: Die tiefenökologische Bewegung. Einige philosophische Aspekte. In: Angelika Krebs (Hg.), a.a.O., S. 182–210.

Geshe Thubten Ngawang: Genügsamkeit und Nichtverletzen. Natur und spirituelle Entwicklung im tibetischen Buddhismus. Freiburg/Basel/Wien 1995

Michael P. Nichols: Die Kunst des Zuhörens. Einander verstehen im Alltag und in schwierigen Gesprächen. Reinbek 2002.

Friedrich Nietzsche: Also sprach Zarathustra. Ein Buch für alle und keinen. In: Das Hauptwerk, III. München 1990, S. 1–363.

Friedrich Nietzsche: Jenseits von Gut und Böse. In: Das Hauptwerk, III. München 1990, S. 531–761.

Pierre Lecomte Du Noüy: Die Bestimmung des Menschen. Stuttgart 1956.

Hans-Joachim Petsch: Reflexion und Spiritualität. Würzburg 1993.

Dietmar v.d.Pfordten: Ökologische Ethik. Zur Rechtfertigung menschlichen Verhaltens gegenüber der Natur. Reinbek 1996.

Josef Pieper: Vom Sinn der Tapferkeit. Leipzig 1934.

Josef Pieper: Über die Hoffnung. Leipzig 1935.

Helmuth Plessner: Gesammelte Schriften. Band V. Macht und menschliche Natur. Frankfurt 1981.

S. Radakrishnan: Indische Philosophie. 2 Bände. Darmstadt 1955/1956.

Karl Rahner: Grundkurs des Glaubens. Einführung in den Begriff des Christentums. Freiburg/Basel/Wien 1984 (1976).

Carl Heinz Ratschow (Hg.): Ethik der Religionen. Ein Handbuch. Primitive, Hinduismus, Buddhismus, Islam. Stuttgart/Berlin/Köln/Mainz 1980.

Carl Heinz Ratschow: Von der Frömmigkeit. Eine Studie über das Verhältnis von Religion und Sittlichkeit. In: Derselbe (Hg.), a.a.O., S. 11–77.

John Rawls: Eine Theorie der Gerechtigkeit. Frankfurt/Main 1975 (1971).

Jack Reis: Ambiguitätstoleranz. Beiträge zur Entwicklung eines Persönlichkeitskonstruktes. Heidelberg 1997.

Trutz Rendtorff: Ethik. Grundelemente, Methodologie und Konkretionen einer ethischen Theologie. 2 Bände. Stuttgart 1980 und 1981.

Trutz Rendtorff: Das Problem der Menschenführung. In: Hans-Joachim Petsch (Hg.), a.a.O., S. 149–160.

Alfons Rosenberg: Experiment Christentum. München 1990 (1969).

Andrea Rübenacker: Vom Umgang mit fremden Göttern. Die Religionen Asiens im Deutschen Fernsehen. Dortmund 1998 (Diplomarbeit).

Andrea Rübenacker: Buddha boomt. Eine inhaltsanalytische Untersuchung der im deutschen Fernsehen gesendeten Beiträge zum Thema „Buddhismus in Deutschland" – unter besonderer Berücksichtigung einer stofflichen Buddhismus-Betrachtung. Dortmund 2000 (Dissertation).

H. Saddhatissa: Buddhist Ethics. Essence of Buddhism. New York/London 1970.

Sathya Sai Vereinigung (Hg): Texte für den Studienkreis. Bonn 1994.

Max Scheler: Philosophische Weltanschauung. München 1954.

Annemarie Schimmel: Der Islam. Eine Einführung. Stuttgart 1990.

Annemarie Schimmel: Die Zeichen Gottes. Die religiöse Welt des Islam. München 1995.

K. O. Schmidt: Das Thomas-Evangelium. Geheime Herren-Worte frühchristlicher Handschriften. Ergolding 1991/5.

Arthur Schopenhauer: Preisschrift über die Grundlagen der Moral. In: Derselbe: Kleinere Schriften. 5 Bände, Band III. Zürich 1991, S. 459–632.

Matthias Schüz: „Ehrfurcht vor dem Leben" in der industriellen Welt. In: Claus Günzler u.a. (Hg.), a.a.O., S. 125–153.

Käthe Schwarze: Gedanken 1999. Osnabrück 2000 (Eigenverlag).

Paul Schwarzenau: Das nachchristliche Zeitalter. Elemente einer planetarischen Religion. Stuttgart 1993.

Albert Schweitzer: Aus meinem Leben und Denken. Hamburg 1980.

Albert Schweitzer: Was sollen wir tun? 12 Predigten über ethische Probleme. Heidelberg 1985 (Neuausgabe).

Albert Schweizer: Albert Schweitzer Lesebuch. München 1995 (1984).

Rupert Sheldrake: Das Gedächtnis der Natur. Bern/München/Wien 1994.

Günter Stachel: Gebet – Meditation – Schweigen. Schritte spiritueller Praxis. Freiburg/Basel/Wien 1993.

Fulbert Steffensky: Feier des Lebens. Spiritualität im Alltag. Stuttgart 1984.

Wilhelm Steinmüller: Evangelische Rechtstheologie. 2 Bände. Köln/Graz 1968.

Eugene Stockton: Eine erd-gesinnte Spiritualität im heutigen Australien. In: Hans Kessler (Hg.), a.a.O., S. 183–195.

Shundo Tachibana: Ethics of Buddhism. Richmond 1994 (1926).

Teilhard de Chardin: Der göttliche Bereich. Olten/Freiburg 1962.

Gotthard M. Teutsch: Ehrfurchtsethik und Humanitätsidee. In: Claus Günzler u.a. (Hg.), a.a.O., S. 101–109.

Thich Nhat Hanh: Einssein. Vierzehn Tore zum Buddhismus. München 1991.

Walter Tritsch: Christliche Geisteswelt. Band II. Die Welt der Mystik. Hanau 1986.

Upanishaden: Die Geheimlehre der Inder. München 1998 (1977).

Ken Wilber: Halbzeit der Evolution. München 1984.

Ken Wilber: Eros, Kosmos, Logos. Eine Vision an der Schwelle zum nächsten Jahrtausend. Frankfurt 1996.

Bernard Williams: Wahrheit und Wahrhaftigkeit. Frankfurt 2003.

Paramahansa Yogananda: Die ewige Suche des Menschen. Schöpfung, Geist und Meditation. München/Wien 1995.

Heinz Zahrnt: Jesus aus Nazareth. Ein Leben. München 1989.

Die heilende Kraft des Scheiterns
Ein Weg zu Wachstum, Aufbruch und Erneuerung

Claus Eurich

Hardcover, 128 Seiten – ISBN 978-3-86616-043-9

Ohnmacht und Scheitern zu erfahren ist ebenso alltäglich wie zu erleben, dass Erwartungen zerbrechen. In unserer Kultur werden diese schmerzhaften Lebenserfahrungen überwiegend verdrängt und als Schwäche des Menschen diskriminiert. Dieses Buch verändert den Blick auf das Scheitern grundlegend: fort vom Makel, hin zu den heilenden Aspekten. Es zeigt auf, dass Neues nur entstehen kann, wenn Altes sich auflöst bzw. zerbricht. Scheitern wird in diesem Blick zur Chance. Das Buch gibt Hinweise für eine entsprechende Gestaltung des Lebens. Es ist zudem in eine Zeit hinein geschrieben, die im Großen wie im Kleinen von Krisen geschüttelt ist, in der zugleich aber auch die Sehnsucht nach Aufbruch und Erneuerung überall spürbar ist. In Krisen und Grenzerfahrungen wird dieses Buch ein wertvoller Begleiter sein.

Zen oder wie ein Samurai Golf spielen

Ulrich Nitzschke

Geschenkbuch, Hardcover, 120 Seiten
ISBN 978-3-86616-092-7

Worin liegt das Erfolgsgeheimnis der Golf-Legende Tiger Woods? Was haben Golf, Meditation und die traditionellen Kampfkünste Asiens gemeinsam? Wie lernt man mit den mentalen Fähigkeiten, die Golf vermitteln kann, die Herausforderungen des Alltags zu meistern? Auf der Grundlage langjähriger eigener Erfahrungen mit Zen, der humanistischen Psychologie, verschiedenen modernen Sportarten und traditionellen spirituellen Übungswegen beschreibt der Autor kenntnisreich und einfühlsam die überragende Rolle, die das Bewusstsein im Golfsport spielt, und entwickelt daraus wirksame Trainingsmethoden und hilfreiche Visionen für die spielerische Praxis.
Das Buch zeigt auf, wie Golf für den gestressten westlichen Menschen zu einem Übungsweg persönlichen und spirituellen Wachstums werden kann, wie er sich im Osten unter dem Einfluss des Zen aus den Kampfkünsten der Samurai herausgebildet hat.

Leben wie neu geboren
Noch einmal • *ganz anders anfangen*
       • *ganz anders denken*
       • *ganz anders handeln*

Matt Galan Abend

Hardcover, 128 Seiten, 10 Zeichnungen – ISBN 978-3-86616-088-0

Was würden Sie alles anders machen, wenn Sie Ihr Leben noch einmal von vorne beginnen könnten? Auch Sie können tatsächlich so etwas wie eine zweite Geburt erleben, Ihr Leben noch einmal ganz neu betrachten, ganz neu ordnen, ganz andere Schwerpunkte setzen und damit auch zu einer ganz neuen Beziehung zu sich selbst und zu Ihrem Leben finden. Wie die grundsätzliche Neuorientierung eines Lebens möglich ist, zeigt der Autor am praktischen Beispiel eines Rechtsanwalts, der seine Ängste und einengenden Prägungen überwinden konnte und damit eine ganz neue Qualität in sein Leben brachte. Die flüssige, meist humorvolle, z.T. auch ironische Sprache des Autors und das lebensechte Beispiel garantieren eine spannende Lektüre. Seine direkte Ansprache, Überlegungen und Empfehlungen überzeugen auf Anhieb. Ein Buch, das auch Ihr Leben verändern kann.

Mit Buddha auf dem Pfad der Weisheit

Die Übung des Alltags als spirituelle Aufgabe

Max Lang

Paperback, 208 Seiten, ISBN 978-3-86616-100-9

Ist die Lehre des Buddha mit der Rede von Gott vereinbar? Muss, wer sich spirituell zum Osten hin orientiert, auf seine christlichen Wurzeln verzichten? Dieses Buch bietet in der Antwort auf diese Fragen einen völlig neuen Ansatz. Es geht über einen bloßen Vergleich zwischen Jesus und Buddha hinaus. Zunächst erwartet den Leser eine kompakte und profunde Darstellung dessen, was wir mit Gott bezeichnen, und den Lehren der „Fahrzeuge" des Buddha. Daraus kann der Autor die Verbindungslinien der beiden Weisheiten bis hin zu einer gemeinsamen Essenz aufzeigen. In einem eigenen Abschnitt finden sich konkrete Beispiele zur spirituellen Gestaltung und Bewältigung des Alltags. Anstelle trockener Erörterungen hat der Autor das Buch hier mit einer unverwechselbar persönlichen Note versehen.

Quantensprünge des menschlichen Bewusstseins

Vom Ego zum Ich-bin

Gela Weigelt

Hardcover, 144 Seiten, 5 Zeichnungen, ISBN 978-3-86616-101-6

Nichts ist so unglaubwürdig wie das „Ich". Das „Ich" ist eine Konstruktion. Diese provozierenden Thesen untersucht die Autorin mit Hilfe der Wissenschaft und der Spiritualität. Neben Ergebnissen aus der Hirnforschung werden Erkenntnisse der Quantenphysik vorgestellt, die die uralte Frage nach dem Ego des Menschen um neuzeitliche Aspekte bereichern. Die Hirnforschung weist nach, dass das „Ich" eine Simulation der ca. 3 Pfund schweren Masse in unserem Schädel ist, während die Quantentheorie das Bewusstsein als zentrale „Instanz" der Wirklichkeit sieht. Der Quantensprung des menschlichen Bewusstseins ist ebenso wie der Quantensprung in der Physik ein diskontinuierlicher Übergang von einer Ebene zur anderen. Die Ebenen des menschlichen Bewusstseins sind transzendent, daher ist Erleuchtung einem Quantensprung vergleichbar.

Vom Urknall zur Erleuchtung

Die Evolution des Bewusstseins als Ausweg aus der Krise

Christian Brehmer

Hardcover, 280 Seiten, Großformat, 140 vierfarbige Fotos, 130 Grafiken
ISBN 978-3-86616-064-4

„Du kannst das Problem nicht lösen auf der Ebene, wo das Problem seine Wurzeln hat", sagte Albert Einstein. Es lässt sich nur von einer übergeordneten Ebene aus lösen. In diesem Buch geht es um die Umrisse dieser übergeordneten Ebene, einer neuen Bewusstseins- und Erkenntnisebene. Sie wird uns evolutionär erschlossen. Und um sie besser einzuordnen, befassen wir uns mit der faszinierenden Geschichte der Evolution, mit unserer Stammesgeschichte. Da gab es mehrere Phasenübergänge: nach der Entstehung des Universums mit dem Urknall die kosmische Evolution, dann den Übergang zur biologischen, zur chemischen, zur mentalen und zur technisch-kulturellen Evolution der Gegenwart. Und die Evolution geht weiter. Sie drängt in die Zukunft. Indem wir uns mit der in diesem Buch erstmals erarbeiteten Theorie der Phasenübergänge auseinandersetzen, gewinnen wir Überblick über das, was uns bevorsteht: die supramentale Evolution, die Erleuchtung, und mit ihr die Lösung der individuellen und kollektiven Probleme von der Wurzel her. Aber es bleibt nicht bei der Theorie. Im Buch finden wir konkrete Hinweise zur evolutionären Erweiterung des Bewusstseins und zur praktischen Neugestaltung unseres persönlichen und gesellschaftlichen Lebens.

Die Heilkraft der Rituale
Weibliche Energien stärken
Erika Haindl

Paperback, 344 Seiten, 40 Abb.
ISBN 978-3-86616-102-3

Sind wir uns bewusst, dass in der Familie, im Freundeskreis, in vielen sozialen Gruppen, bei Festen und im Alltag Rituale, symbolische Gegenstände, magische Orte unser Leben beeinflussen oder sogar prägen? Deren Herkunft, Bedeutung und Wirkung ist uns oft unbekannt.
Die promovierte Kulturanthropologin Erika Haindl hat ihre spirituellen Erfahrungen aus langjährigen Kontakten mit nordamerikanischen Indianern und ihre diesbezüglichen Kenntnisse über europäische Kulturgruppen in Vergangenheit und Gegenwart in diesem Buch dargelegt. Sie beschreibt und interpretiert traditionelle und neu entwickelte Rituale im Kreislauf des Jahres und des Lebens, Märchenmotive, alte und neue Mythen, Kraftorte, Handlungen und Funktionen der beteiligten Personen und ihrer Mitgeschöpfe im kulturellen Zusammenhang und zeigt deren Wirkung auf. Dieses aufschlussreiche Buch kann Frauen und Männern helfen, ihren Alltag spirituell zu erweitern, eine höhere Bewusstseinsebene zu erlangen.

Wenn Eltern auseinandergehen
Wie den Kindern Chancen und Zukunft eröffnen
Britta Zangen

Paperback, 160 Seiten
ISBN 978-3-86616-097-2

Das Buch ermutigt die stetig steigende Zahl von Eltern, die sich trennen wollen, ihren Blick auf die davon betroffenen Kinder zu richten. Es erörtert zunächst, ob die geplante Trennung der richtige Schritt ist oder ob die Krise nicht als Chance für eine Veränderung innerhalb der bestehenden Familie gesehen werden kann. Dann macht die Autorin pragmatische Vorschläge, wie die Trennung mit der größtmöglichen Rücksicht auf die Kinder gestaltet werden kann, was auch im Interesse aller beteiligten Erwachsenen liegt. Die Schwierigkeiten des alleinerziehenden bzw. des weggehenden Elternteils werden ebenso offen angesprochen wie der Kontakt zu Großeltern und die Patchwork-Familie mit neuen Partnern. Im Mittelpunkt aller Überlegungen der Autorin, die einst selbst ein Scheidungskind samt Patchwork-Familie war, steht das Wohl der Kinder.

Erwachen in die Kraft der Seele
Ein Weg in die Selbstmeisterschaft und göttliche Entfaltung
Roswitha Köhler

Hardcover, 368 Seiten
ISBN 978-3-86616-078-1

Dieses Buch gibt Über- und Einblicke in die verschiedenen Dimensionen der Seele und vermittelt zugleich eine Fülle praktischer Übungen, um die Seele erfahren und entwickeln zu können und im Innern von ihr beglückt zu werden. Aus dem bewussten Kontakt mit den eigenen inneren Quellen erwächst die Kraft, mit verstärktem Engagement die Aufgaben des Lebens zu bewältigen. Zur Klärung psychisch-seelischer Aspekte zeigt die Autorin Methoden tiefer Selbstheilung auf und bietet Herz und Verstand eine Fülle spiritueller Wege zur Reifung des Selbstbewusstseins an. Erwachen geschieht durch Bewusstseins-Erweiterung und -Wandel auf verschiedenen Entwicklungsstufen (Ken Wilber). Zur Zeit ist es notwendig, unsere einseitige intellektuelle Weltsicht ganzheitlich in einen global-kosmischen Zusammenhang zu stellen. In wacher Hingabe an die weisheitsvolle und weise Führung unserer Seele erstarkt unsere Liebesfähigkeit und entfaltet sich letztlich das Göttliche.

Kreative Wunscherfüllung
Die kosmischen und irdischen Gesetze des Wünschens
Hans Vater

Taschenbuch, 288 Seiten
ISBN 978-3-86616-093-4

Hans Vaters praktisches und zugleich tiefgründiges Weisheitsbuch gibt Methoden und Techniken an die Hand, unsere Wünsche zu verwirklichen. Es analysiert eingehend die Gesetze und Prinzipien, die hinter den einzelnen Wunschtechniken stehen und sie wirksam machen. Diese Gesetze sind die Regeln des großen kosmischen Schöpfungsspiels, welches wir in Gottes Auftrag mitgestalten, und dessen Ziel es ist, uns zu der Einheit zurückzuführen, die wir in Wahrheit nie verlassen haben. Das Buch zeigt uns, wie wir durch die Anwendung der mächtigen Seinsgesetze unser Leben gesünder, glücklicher und erfolgreicher gestalten können. Das Verständnis dieser Gesetze hinterlässt beim Leser ein tiefes Gefühl der Geborgenheit und des Vertrauens in ein geordnetes und liebevolles Universum.

Karten des Lebens
Lebensgeschichten erkennen und heilen   2. Auflage
Chuck Spezzano

100 künstlerisch gestaltete farbige Karten mit Begleitbuch, 224 Seiten
ISBN 978-3-86616-028-6

Die Drehbücher oder Geschichten, die unser Leben bestimmen, schreibt jeder Mensch selbst. Die Karten des Lebens – das neue Karten-Set des bekannten Lebenslehrers Chuck Spezzano – zeigen die Geschichten, die wir in unserem Leben erzählen, ganz gezielt auf. Es können fröhliche und kraftvolle, aber auch dunkle und zerstörerische Geschichten sein. Wir schreiben sie oft in Sekundenbruchteilen, tragen sie und ihre Folgen aber ein Leben lang mit uns. Negative Geschichten aus der Vergangenheit zu heilen und positive, lebensbejahende Geschichten zu stärken ist ein Herzensanliegen von Chuck Spezzano und ein Eckpfeiler seiner Arbeit. 100 wunderschöne, von der deutschen Künstlerin Petra Kühne einfühlsam gestaltete Karten sowie ein Begleitbuch, das die tiefere Bedeutung jeder einzelnen Karte erklärt und Beispiele für verschiedene Befragungsmöglichkeiten enthält, geben dem Leser ein ideales Werkzeug an die Hand, mit dessen Hilfe er seine Lebensmuster erkennen, negative und destruktive Muster heilen und dadurch zu mehr Glück und größerer Fülle im Leben gelangen kann.

HOLOS – die Welt der neuen Wissenschaften
Ervin Laszlo

Hardcover, 208 Seiten – ISBN 978-3-928632-94-2

In den Wissenschaften findet eine Revolution statt. Es ist keine technologische Revolution – es ist eine Revolution des Weltbildes. Prof. Laszlo verfolgt diese Entwicklung und macht sie jedem zugänglich, der an den neuesten Erkenntnissen darüber teilhaben möchte, wer und was wir sind, was die Welt ist, die uns umgibt, und auf welche Weise wir in Beziehung zueinander und zu dieser Welt stehen. Der Leser erfährt in einfacher Sprache, was Wissenschaftler bereits wissen und vor welchen Rätseln sie im Hinblick auf den Kosmos, das Quantum, den lebenden Organismus und das menschliche Bewusstsein immer noch stehen. Dann erforscht der Verfasser diese Welt, indem er Fragen stellt, auf die er nun zuversichtliche, wenn auch überraschende Antworten geben kann – Fragen, bei denen es um Ursprünge und Bestimmung des Universums und um Ursprung und Evolution des Lebens und des Bewusstseins geht –, um dann die größten der „großen Fragen" zu stellen: Fragen der Unsterblichkeit, zum Bewusstsein im Kosmos und zu einem Bewusstsein, das eine wissenschaftlich basierte Schau als den Geist Gottes erfassen kann.